VENTE J. BOUILLON

ESTAMPES

ANCIENNES ET MODERNES

DE TOUTES LES ÉCOLES

DESSINS

LIVRES SUR LES BEAUX-ARTS

MAI 1897

Me MAURICE DELESTRE
Commissaire-Priseur
5, RUE SAINT-GEORGES, 5

M. A. DANLOS
Marchand d'Estampes
15, QUAI VOLTAIRE, 15

CATALOGUE

DES

ESTAMPES

ANCIENNES ET MODERNES

DE TOUTES LES ÉCOLES

BEAUX DESSINS

LIVRES SUR LES BEAUX-ARTS

COSTUMES MILITAIRES FRANÇAIS DE MARBOT

PLANCHES GRAVÉES

DONT LA VENTE AUX ENCHÈRES PUBLIQUES AURA LIEU

PAR SUITE DU DÉCÈS DE

M. JULES BOUILLON

Marchand d'Estampes de la Bibliothèque Nationale

Hôtel des Commissaires-priseurs, rue Drouot, 5

SALLE N° 7

Du Lundi 24 au Samedi 29 Mai 1897

A DEUX HEURES TRÈS PRÉCISES DE RELEVÉE

Par le Ministère de Me **MAURICE DELESTRE**, Commissaire-priseur

5, RUE SAINT-GEORGES, 5

Assisté de M. **A. DANLOS**, marchand d'estampes

15, QUAI VOLTAIRE, 15

CONDITIONS DE LA VENTE

Elle sera faite au comptant.

Les acquéreurs paieront cinq pour cent en sus des enchères, applicables aux frais.

M. A. Danlos, chargé de la direction de la vente, se réserve la faculté de diviser ou de rassembler les lots.

La Collection sera visible chez M. Danlos, du lundi 10 au samedi 22 mai, de 2 heures à 6 heures de l'après-midi.

ORDRE DES VACATIONS

Lundi 24 Mai.	Estampes	52 à 295
Mardi 25 Mai.	—	296 à 519
Mercredi 26 Mai.	—	520 à 760
Vendredi 28 Mai.	—	761 à 929
—	Dessins	1 à 51
Samedi 29 Mai	Livres	930 à fin.

Avant que Me Delestre ait dispersé au feu des enchères les estampes appartenant à Jules Bouillon, je me fais un doux devoir de rendre hommage à sa mémoire.

La tâche à accomplir m'est d'ailleurs facile : en effet, si la vie de Jules Bouillon n'a pas d'histoire ; si ses années n'ont pas été encombrées d'anecdotes résultant d'une existence enfiévrée ou d'une conscience indécise, il a laissé planer autour de son nom une réputation autrement appréciable : celle d'un homme d'une scrupuleuse probité jointe à un solide savoir basé sur le travail et l'étude. Ne sont-ce pas là des titres inoubliables, et enviables à tous autres?

Né à Montsurvent (Manche) en 1844, Jules Bouillon débuta dans la carrière des estampes chez l'un des experts alors en renom à Paris, Clément, où il entra à l'âge de 18 ans ; son assiduité au travail et l'esprit de pénétration qu'il avait aidant, il acquit une rapide notoriété, et devint en peu de temps le collaborateur indispensable de Clément. Celui-ci étant mort en 1886, Bouillon lui succéda ; et la Bibliothèque Nationale n'ignorant pas son mérite, lui continua la survivance du titre d'*expert de la Bibliothèque Nationale.*

L'étude longue et complexe de la gravure ancienne a rebuté souvent les marchands, effrayés de tant de difficultés; aussi les représentants des grandes Écoles du passé ont-ils toujours été peu nombreux. Il faut constater du reste que, dans ces dernières années, le goût des amateurs a changé; leur attention s'est à peu près concentrée sur la gracieuse École Française du XVIIIe siècle. La plupart des marchands d'estampes se virent donc entraînés à suivre les fluctuations de la mode et, ne pouvant la diriger, la suivirent. Les connaisseurs encore épris des belles œuvres de la tradition rencontrèrent alors en Jules Bouillon un rare et précieux auxiliaire pour la formation ou l'amélioration de leurs collections ; il devint leur conseil assidu ; tous lui montraient une confiance illimitée ; je fus d'ailleurs témoin de la considération dont il jouissait lorsque, fort abattu par son labeur incessant, il voulut bien faire appel à ma jeune expérience. Et lorsque la maladie l'emporta en peu de jours dans une vie d'au-delà à laquelle il avait croyance, il n'y eut pas une voix discordante dans l'unanimité des regrets de tous ceux qui le connaissaient et qui louèrent en lui l'homme et le travailleur : l'homme pour son honnêteté et son affabilité; le travailleur pour son savoir et son goût.

LOYS DELTEIL.

4 avril 1897.

TABLEAU

FRAGONARD (H.).

1. Au milieu, sur un tertre élevé, un bouquet de trois chênes sous lequel une jeune fille est assise pendant que son compagnon va puiser de l'eau à une source voisine : à gauche, une vache et un troupeau de moutons. Cette petite scène est éclairée par un de ces ciels lumineux dont Fragonard a le secret.

Peint sur panneau de 0, 33 de largeur sur 0,25 de hauteur.

DESSINS

BERNARD.

2. Portrait de Napoléon.

Dessin calligraphique signé : *Bernard, Professeur des Pages de LL. MMtes IIles, 17 avril 1806*. Collection Morel de Vindé.

BOREL (A.).

3. Le Maréchal des Logis (Trait de courage de Louis Gillet). La demande en mariage.

Deux dessins à l'aquarelle faisant pendants ; ils sont signés et ont été gravés par Voysard, sous les titres cités plus haut.

Cadres en bois doré avec frontons et guirlandes de roses.

Haut., 0,24 ; larg., 0,18.

BOSSE ? (A.).

4. Les Espagnols battus et pendus par les Français. Les Espagnols bernés par les Françaises.

Deux curieux dessins satiriques au lavis d'encre de Chine. Collection Morel de Vindé.

Larg., 0,40 ; haut., 0,27.

BOUCHER (F.).

5. Figure mythologique.

Tête de jeune fille, les yeux levés vers le ciel, une flamme sur la tête.

Beau dessin au crayon noir rehaussé de blanc, sur papier gris.

Collections Marmontel et H. Porgès. Cadre ancien, en bois sculpté et doré, avec fronton.

Haut., 0,31 ; larg., 0,25.

6. Pastorale.

A la pierre d'Italie.

Haut., 0,18; larg., 0,14.

7. Sujet mythologique.

A la pierre d'Italie.

Haut., 0,34; larg., 0,18.

8. Projet pour une décoration.

Contre-épreuve d'un dessin à la pierre d'Italie.

Collection Kovalska.

Larg., 0,00; haut., 0,00.

CHAMPAGNE (Ph. de).

9. Portrait de l'abbé de Saint-Géran.
Portrait du chevalier de Pontis.

Deux très beaux dessins à la pierre d'Italie.

Collection Morel de Vindé.

Haut., 0,23; larg., 0,18.

CHARDIN (J.-B.-Siméon).

10. Études de Pots et d'ustensiles de ménage.

Trois très belles gouaches.

Collection Triquetti.

Larg., 0,23; haut., 0,18.

COCHIN (Ch.-N.).

11. Les armes de Mgr le Duc d'Orléans, première vignette de la Religion chrétienne prouvée par les faits, par l'abbé de Houteville. *Paris, Dupuis*, 1739.

A la mine de plomb. A été gravé par Tardieu.
Collection Morel de Vindé.

Larg., 0,12; haut., 0,65.

12. Suite complète de six dessins, pour l'*Astronomie physique* des Gamaches. Édition in-4, de *Jombert*, 1740, plus un septième dessin qui n'a pas été gravé représentant en double et de façon différente les armes de M. de Maurepas.

A la mine de plomb. Ont été gravés par le maître.
Collection Morel de Vindé.

Larg., 0,125; haut., 0,65.

13. Vignette aux armes de M. de la Vallière, illustrant l'Épître dédicatoire du *Parfait Ingénieur Français*, de Deidier, pour l'édition in-4 de *Jombert*, 1741.

A la mine de plomb. A été gravé par Cl. Gallimard.
Collection Morel de Vindé.

Larg., 0,12; haut., 0,65.

14. Fleuron du Titre du Poème de la *Religion*, par L. Racine le fils. *Paris, Coignard*, 1742.

A la mine de plomb. A été gravé par Cochin père.
Collection Morel de Vindé.

Larg., 0,10; haut., 080.

14 *bis*. La Fontaine écrivant ses Contes. — Le Juge de Mesles. Deux dessins pour les *Contes* de La Fontaine, édition in-8 de *David*, 1745.

A la mine de plomb. Ont été gravés par Fessard.
Collection Morel de Vindé.

Larg., 0,070; haut.,0,055.

15. Trois dessins, dont une contre-épreuve pour l'édition in-4, de l'*Histoire générale des Voyages,* traduite de l'anglais par l'abbé Prévost. *Paris, Didot,* 1746-1761.

Deux dessins pour l'édition in-12 de ce même ouvrage. Ensemble 5 dessins.

A la mine de plomb et au lavis d'encre de Chine.
Collection Morel de Vindé.

16. Frontispice des *Étrennes Maritimes* pour l'année 1761. *Paris, Nyon,* 1761.

A la mine de plomb. A été gravé par Prévost.
Collection Morel de Vindé.

Haut., 0,115; larg., 0,55.

17. Illuminations et feu d'artifice sur la place d'Armes, à Versailles.

Au lavis d'encre de Chine, rehaussé de blanc.
Collection Morel de Vindé.

Larg. 0,075; haut., 0,060.

18. Trois dessins pour une histoire romaine.

A la mine de plomb.
Collection Morel de Vindé.

COYPEL (Attribué à ANT.).

19. Allégorie sur la Réduction de Marsal en l'obéissance du Roy en l'année 1663. Médaillon entouré de figures et accompagné d'un texte explicatif.

Composition emblématique aux armes de Louis XIV et avec sa devise : *Nec pluribus Imvar...*

Deux superbes gouaches sur vélin, rehaussées d'or.
Collection Morel de Vindé.

DEMONSTIER?

20. « Serenissime Roy de la Grad Bretagne » (Charles Ier).

Très intéressant dessin à la pierre noire, légèrement rehaussé de sanguine.

DERUET (Cl.)

21. Le Triomphe de Marie de Médicis.

La Reine est représentée assise sur un char triomphal, entourée de figures allégoriques et accompagnée d'un nombreux cortège. Le cardinal de Richelieu, à la tête d'une troupe de cavaliers, s'avance à sa rencontre.

Dessin capital à la plume d'un maître dont les œuvres sont fort rares et qui fut l'ami et l'émule de Callot.

Collection Morel de Vindé. Encadré.

Larg., 0,43; haut., 0,35.

ÉCOLE ALLEMANDE (XVIIIe SIÈCLE).

22. Sacre et couronnement d'un souverain allemand.

La Scène est prise au moment où, dans la cathédrale, le Prince est couronné.

Dessin capital, au lavis de bistre.

Haut. : 0,52; larg. : 0,35.

ÉCOLE FRANÇAISE (XVIIe SIÈCLE).

23. Médaillon emblématique richement orné, aux armes d'Anne d'Autriche, Reine Régente de France. — Armoiries. — Lettres ornées.

Quatorze gouaches sur vélin très finement exécutées.

Collection Morel de Vindé.

24. Dessins d'une médaille à la gloire de Louis XIV.

A la partie supérieure d'un encadrement dont la décoration polychrome sur fond or est d'une finesse et d'une exétion remarquables, se trouvent attachés, par deux anneaux, la face et le revers d'une médaille dorée et gaufrée représentant, l'une, l'effigie de Louis XIV, et l'autre le Roi, sous la figure allégorique d'Apollon; au-dessous l'explication de cette allégorie.

Sur vélin. Cette pièce historique d'un grand intérêt a dû être exécutée pour Louis XIV.

Collection Morel de Vindé. Cadre ancien en bois doré et sculpté.

Haut., 0,32 ; larg., 0,21.

25. Histoire de Jupiter.

Cartouche sur vélin entouré de quatorze médaillons en camaïeu rose exécutés d'une main très habile, et représentant les principaux épisodes de l'histoire de Jupiter. Au centre de ce cartouche, l'histoire de Jupiter et l'explication des médaillons, que l'on peut attribuer au célèbre calligraphe Nicolas Jarry.

Collection Morel de Vindé.

Cadre ancien en bois sculpté et doré.

Haut., 0,42; larg., 0,30.

26. Douze lettres ornées d'un Alphabet que l'on suppose avoir été destiné au Dauphin.

Gouaches sur vélin d'une exécution et d'une ornementation remarquables.

Collection Morel de Vindé.

27. Le Chaud Amoureux.

Dessin facétieux à l'aquarelle.

Collection Morel de Vindé.

Haut., 0,40; larg., 0,28.

ÉCOLE FRANÇAISE (XVIIIe SIÈCLE).

28. Trois dessins satiriques sur le Régent et le cardinal Dubois.

Au lavis d'encre de Chine et à l'aquarelle.

Collection Morel de Vindé.

29. Le Mari à la mode. — L'Épouse à la mode. — Les Arts modernes, etc.

Six dessins satiriques à l'aquarelle.

30. Vue de l'intérieur de la Bastille après sa démolition.

Gouache.

Haut., 0,48; larg., 0,40.

ÉCOLE FRANÇAISE (XIXe SIÈCLE).

31. Vue de Notre-Dame. — Vue de Paris, prise du pont Royal en regardant les Tuileries.

Deux jolies et intéressantes gouaches du commencement de ce siècle.

32. Attaque de l'Hôtel de Ville, le 30 juillet 1830.

Au lavis de sépia.

EISEN? (CH.).

33. L'Amour enflammant des cœurs.

Au lavis d'encre de Chine; a été gravé.
Collection Kovalska.

Larg., 0,20; haut., 0,14.

GELÉE (CL.), dit LE LORRAIN.

34. Barques de pêcheurs.

Deux dessins au lavis de bistre.
Collection Triquetti.

Larg., 0,30; haut., 0,20.

GILLOT (CL.).

35. Son portrait. Il s'est représenté assis, entouré d'Amours et affublé d'oreilles d'âne; au bas, cette légende manuscrite : *Gillot riant de lui-même.*

Collection Morel de Vindé.
A la plume et au lavis d'encre de Chine.

Haut., 0,21; larg., 0,16.

36. **L'agioteur élevé par la fortune au plus haut degré de la Richesse et de l'Abondance.**

Un homme assis sur une chaise longue et calculant; il est inspiré par la Fortune, qui conduit à ses pieds l'Abondance.

Vignette allégorique.

Ces deux dessins, l'un à la sépia, l'autre à la sanguine, sont des fragments d'une composition relative à l'agiotage de la rue Quincampoix, que le maître a gravée lui-même sous le titre cité plus haut.

On y a joint la gravure. Collection Morel de Vindé.

37. La Justice qui détruit d'un seul de ses rayons la fortune des agioteurs.

La Justice debout, les rayons dont elle est entourée renversent, à droite et à gauche, des hommes chargés d'argent.

La France rendant l'abondance au peuple dépouillé par l'agiotage.

Deux jolis dessins, l'un au bistre et l'autre à la sanguine, qui se complétant l'un par l'autre ont été gravés par Gillot, sous le titre cité plus haut.

Le second dessin est exécuté sur une contre-épreuve de l'estampe.

Collection Morel de Vindé.

38. Le Grand Hiver de l'année 1709.

Cérès affligée de voir la Terre stérile.

Deux très jolis dessins à la plume, lavés d'encre de Chine, pour almanachs, avec des médaillons sur les côtés indiquant les principaux événements arrivés dans l'année précédente. On y a joint la gravure en contre-partie du dernier de ces dessin.

Collection Morel de Vindé.

Larg., 0,26; haut., 0,23.

GILLOT? (C.).

39. **Fête au dieu Pan.**

Joli dessin à la sanguine. A été gravé par le maître.

GIRODET-TRIOSON.

40. Son Portrait âgé, par lui-même.

Aux crayons de couleurs ; il porte son monogramme.

Haut., 0,19 ; larg., 0,14.

GREUZE (J.-B.).

41. La Belle-Mère.

Magnifique grisaille colorée avec des rehauts de gouache, d'une grande puissance et d'un bel effet. A été gravée par Gaillard avec cette légende : *Elle lui donne du pain, mais elle lui brise les dents avec le pain qu'elle lui donne.* A figuré à l'Exposition universelle de 1889.

Cadre en bois sculpté et doré.

Larg., 0,65 ; haut., 0,50.

42. La Marchande de fruits.
Ne réveille pas ton frère.

Deux vernis Martin de forme ronde.

Diamètre, 0,09.

HILAIRE ?

43. Un Concert chez le Commandeur des Croyants.
Sultane se rendant à la Mosquée.

Deux dessins au lavis de bistre.

Haut., 0,24 ; larg., 0,18.

JEAURAT (Et.).

44. Étude pour les citrons de Javotte.

A la pierre noire, sur papier gris.

Haut., 0,29 ; larg., 0,26.

LECLERC (S.).

45. Les Noces de Thétis et de Pélée.

Dessin capital du maître à la sépia. On y a joint une épreuve coloriée du temps, de la gravure que Simoneau Major en a faite.
Collection Morel de Vindé.

Haut., 0,45 ; larg., 0,35.

LE FÈVRE (R.).

46. Portraits d'hommes.

Deux dessins à la sanguine d'une fort belle exécution.
Collection Morel de Vindé.

LE PRINCE (J.-B.).

47. Jeune fille russe.

Aux crayons de couleurs, sur papier bleuâtre.
Collection Triquetti.

Haut., 0,42; larg., 0,23.

MARCENAY DE GHUY.

48. Portrait de Jeanne d'Arc.

Deux études à la mine de plomb. Ce portrait a été gravé par l'artiste.
Collection Morel de Vindé.

MARILLIER.

49. Sept dessins représentant diverses scènes théâtrales, pour l'illustration d'un almanach de poche.

A la plume et au lavis de bistre.

Haut., 0,094; larg.. 0,050.

MONNET ET SAINT-QUENTIN.

50. Les Vœux du Peuple confirmés par la Religion. Les Garants de la félicité publique.

Compositions allégoriques relatives à l'avènement au trône de Louis XVI et de Marie-Antoinette.

Deux très beaux dessins au lavis d'encre de Chine et à la mine de plomb. Ont été gravés par Née et Masquelier.

Haut. 0,42 ; larg. 0,33.

SAINT-JEAN (J.-D. DE).

51. Femme de qualité en déshabillé pour le bain.

Un homme de qualité entrant chez une jeune dame s'arrête surpris et porte la main à ses yeux en voyant que cette dame est en déshabillé et s'apprête à prendre un bain de pied. La chronique du temps assure que ces deux personnages ne sont autres que Louis XIV et Mademoiselle de La Vallière.

Très intéressant dessin au crayon noir et au lavis d'encre de Chine. On y a joint la gravure que N. Bazin en a faite sous le titre cité plus haut.

Collection Morel de Vindé.

Larg., 0,37; haut., 0,33.

ESTAMPES

ALDEGREVER (H.).

52. L'histoire de Suzanne. Suite complète de 4 pièces (B. 30 et 33).
   Très belles épreuves.

53. Loth ennivré par ses filles (B. 17). — Histoire de Suzanne, 3 pièces (30, 31 et 32). Ensemble 6 pièces, plusieurs sont doubles.
   Belles épreuves.

54. Titus Manlius (72).
   Très belle épreuve.

55. Le Père Sévère (73).
   Très belle épreuve.

56. Titus Manlius. — Le Père sévère. Deux pièces.
   Belles épreuves.

ALTDORFER (A.).

57. Hercule sautant dans la mer (B. 29).
   Très belle épreuve.

58. Salomon idolâtre. — Saint Jérôme. — Saint Christophe (B 4, 21 et 53 des pièces gravées sur bois).
   Belles épreuves.

ANDERLONI (P.).

59. La Femme adultère, d'après le tableau du Titien.
   Très belle épreuve lettres grises.

60. La Femme adultère. — Moïse défendant les filles de Jethro. Deux pièces, faisant pendants, d'après le Titien et N. Poussin.

Très belles épreuves.

61. Le Jugement de Salomon, d'après Raphaël.

Superbe épreuve avant toutes lettres et avant la bordure. Toute marge.

62. La même estampe.

Très belle épreuve avant toutes lettres, dite d'artiste. Toute marge.

63. La même estampe.

Très belle épreuve lettres, grises. Toute marge.

64. La Sainte Famille, d'après le tableau de Raphaël.

Très belle épreuve avant toutes lettres.

AUDRAN (J.).

65. *Coysevox*, d'après H. Rigaud.

Superbe épreuve avant toutes lettres.

BALDINI (B.).

66. Vignette du premier chant de la Divine Comédie, édition de Florence de 1481.

Très belle épreuve.

BALÉCHOU (J.-J.).

67. *Christot* (*N. de*), évêque de Séez, d'après Aved. In-fol.

Très belle et rare épreuve avant toutes lettres et avec le médaillon devant renfermer les armoiries encore blanc. Grande marge.

68. *Corneille* (*Th.*), pour la suite de Odieuvre. In-8.

Superbe et très rare épreuve avant toutes lettres. Marge.

BARBARY (J.), dit le Maître au Caducée.

69. Sainte Catherine (B. 8).

Très belle épreuve très légèrement restaurée dans la partie blanche du papier.

BARTOLOZZI (F.).

70. *The three favorite aerial Travellers* : Vincent Lunardi esq^r. — Georges Biggin Esqr et Mme Sage; gravé d'après Rigaud. Petit in-fol.
Superbe épreuve avant la lettre, tirée en bistre.

BARY (H.).

71. *La Vallière* (Duchesse de). In-fol.
Belle épreuve.

BAUDOUIN (D'après P.-A.).

72. Le Carquois épuisé, par N. de Launay (E.-B. 11).
Très belle épreuve.

73. Le Désir amoureux, par Mixelle (19).
Superbe épreuve imprimée en couleur. Toute marge.

BÉGA (C.).

74. La Vieille Aubergiste (B. 32).
Très belle et rare épreuve avant l'adresse de Covens et Mortier.

75. Partie de son œuvre. N°s 8, 12, 13, 17, 19, 20, 25, 28, 30, 31 et 35. Quatorze pièces, plusieurs sont doubles.
Anciennes et très belles épreuves.

BEHAM (B.).

76. Portrait de l'Empereur Charles V (B. 60).
Très belle épreuve avant le monogramme du maître. Très rare.

77. Portrait de l'Empereur Ferdinand Ier (61).
Très belle épreuve avant l'adresse de J. Ab. Heyden.

BEHAM (H.-S.).

78. Les Quatre Évangélistes. Suite complète de quatre pièces (B. 55-58).
Très belles épreuves.

79. Achille et Hector (68).

Très belle épreuve.

80. Combat entre les Grecs et les Troyens (69).

Très belle épreuve.

81. L'Enlèvement d'Hélène (70).

Très belle épreuve.

82. L'Amour (93).

Très belle épreuve.

83. Combat entre des Centaures (94), plus la copie.

Très belle épreuve.

84. Combat de trois hommes (95).

Très belle épreuve.

85. Les Travaux d'Hercule, 9 pièces (96, 97, 99, 100, 101, 102, 103, 104 et 105), plus 4 pièces doubles, avant divers travaux. Ensemble 12 pièces.

Très belles épreuves.

86. Le Triomphe (143).

Très belle épreuve.

87. Léda (112). — La Mélancolie (144). — Quatre chevaux dans une écurie (217). — Étude d'une tête de femme (220). — Vignette aux deux génies (236). 5 pièces.

Très belles épreuves, le n° 217 est abîmé.

BERGHEM (N.).

88. La Vache qui pisse (B. 2).

Très belles épreuves du 2e et du 4e état.

89. Les Trois Vaches au repos (3).

Superbe épreuve du 2e état : avant le nom du maître, avant que le petit nuage, vers le milieu du ciel, au-dessus d'un bouquet d'arbres, soit ombré de tailles horizontales et avant que les montagnes du fond soient teintées à la pointe sèche. Très rare.

90. La même estampe.

Superbe épreuve du 3e état : avant le nom du maître, mais avec le petit nuage que l'on voit au-dessus d'un bouquet d'arbres ombré de tailles horizontales.

91. La même estampe.
Très belle épreuve avec le nom de Berghem.

92. Le Joueur de Cornemuse. Pièce surnommée le Diamant (4).
Très belle épreuve avec le nom de Berghem, le coin gauche du haut a été refait.

93. L'homme monté sur l'âne (B. 5).
Superbe épreuve du 2e état : avant la totalité des travaux sur le ciel.

94. La même estampe.
Très belle épreuve du même état.

95. Pâtre vu de dos (6).
Très belle épreuve avant le numéro 51.

96. Cinq pièces du Cahier à la femme, nos 41, 42, 44, 46 et 48.
Superbes épreuves avant les numéros.

BERVIC (Ch.-Cl.).

97. Louis XIV en pied, d'après Callet.
Très belle épreuve avant la déchirure. Signée du graveur.

98. Laocoon, d'après un groupe antique.
Très belle épreuve avant la lettre.

99. L'Enlèvement de Déjanire, d'après Guido Reni.
Très belle épreuve avant la lettre.

100. Saint Jean, d'après Raphaël.
Très belle épreuve avant toutes lettres.

BLANCHARD (A.).

101. Jupiter et Antiope, d'après le Corrège.
Très belle épreuve, sur chine.

102. Le Repos de la Vierge en Égypte, d'après Bouchot.
Très belle épreuve avant la lettre sur chine.

BLOMAERT (C.).

103. La Vierge, l'Enfant Jésus et saint Jean, d'après A. Carrache. Pièce dite la Vierge aux lunettes.
Très belle épreuve.

2

BLOOTELING (A.).

104. *Kortenaer* (E.), Amiral Hollandais, d'après Vander Helst. Gr. in-fol.

Très belle épreuve.

105. *F. Mieris.* — *Charles V*, Duc de Lorraine. — Portrait d'homme. 3 portraits in-fol. dont deux gravés à la manière noire.

Très belles épreuves, la dernière pièce est avant la lettre.

BLOT (M.).

106. Les Bergers d'Arcadie, d'après N. Poussin.

Très belle épreuve avant la lettre.

107. La Vierge aux Candélabres, d'après Raphaël.

Très belle épreuve avant la lettre, sur chine.

BOL (F.).

108. Saint Jérôme dans une caverne (D. 3).

Superbe épreuve du 1er état, avec les coins du haut couverts de salissures de burin et avec le nom de Bol très lisible.

109. Portrait de femme dans un ovale (17).

Très belle épreuve.

BOLSWERT (SCHELTE A).

110. Le Couronnement d'épines, d'après Van Dyck.

Superbe épreuve avant les contre-tailles au vêtement et à la jambe gauche du deuxième soldat qui est debout, à droite. Petite marge.

111. La même estampe.

Belle épreuve avec les contre-tailles.

BOISSIEU (J.-J. DE).

112. Son portrait (R. 1).

Ancienne et très belle épreuve.

113. Les Pères du désert (3).

Très belle épreuve tirée avant la totalité des travaux à la roulette et le mot désert.

114. La Leçon de botanique (20).

Très belle épreuve sur papier vélin.

115. Vue prise à Ambronay (63). — Moulin à eau d'après Ruisdaël (135). — Paysage d'après le Poussin (141). — Les Grands Charlatans, 2 épreuves (140). Ensemble 5 pièces.

Très belles épreuves.

BONASONE (J.).

116. La Naissance de saint Jean-Baptiste (B. 76). — Quatre Nymphes assises avec deux dieux marins autour d'un rocher qui leur sert de table (173).

Superbes épreuves avec deux pièces. Marges.

117. Portrait de Michel Ange, médaillon rond ménagé dans un encadrement (345).

Très belle épreuve. Collection du comte de Fries.

BONNET (L.).

118. *Barry* (Mme la Comtesse Du). Petit médaillon ovale in-8, entouré d'une guirlande de fleurs reposant sur une tablette, où on lit deux vers commençant par ces mots : *Les Grâces et l'Amour.*

Très belle et rare épreuve imprimée en couleur.

BOSIO (D.).

119. Les Quatre-Coins. — La Main chaude. — Le Colin-Maillard. — Le Volant. 4 pièces faisant pendants.

Très belles épreuves en noir, une des pièces est tachée.

BOSSE (Ab.).

120. La Joye de la France (G. D. 1226).

Très belle épreuve.

121. La Galerie du Palais (1267).

Très belle épreuve.

122. L'Hôtel de Bourgogne (1268).
Très belle épreuve.

123. Le Mariage à la Campagne. Suite de trois planches (1380-1382).
Très belles épreuves avec l'adresse de Le Blond.

124. L'Enfance. — Les Dames banquetant. — La Noce de village. — Le Capitan. — Le Français. 5 pièces.
Très belles épreuves.

BOUCHER (D'après F.).

125. Mme Favart dans le rôle de Ninette à la cour.
Deux très belles épreuves avant toutes lettres.

126. La Fécondité, par Gaillard.
Rare épreuve à l'état d'eau-forte.

R. BOYVIN ET AUTRES.

127. *Isabelle Mouprat. — Cl. Marot. — Duc de Nevers. — Gury Faur.* — La Mort et le Gentilhomme. 5 pièces in-8 et in-4.
Très belles épreuves.

BRESSE (JEAN-ANT. DE).

128. La Sépulture d'après And. Mantégna (B. 2).
Belle épreuve manquant de conservation.

BRY (TH. DE) ET AUTRES.

129. Fonds de coupes. — Miroir. — Dessin de Bijoux. 4 pièces.
Très belles épreuves.

BURDET.

130. Mater Christi, d'après A. Van Dyck.
Superbe épreuve avant toutes lettres, sur chine.

CALAMATTA (L.).

131. Portrait de M. Guizot d'après P. Delaroche. In-fol.

Deux très belles épreuves, dont l'une est avant toutes lettres.

132. Françoise de Rimini, d'après Ary Scheffer.

Ancienne et belle épreuve.

133. Le Vœu de Louis XIII, d'après le tableau de Ingres.

Très belle épreuve d'essai, sur chine remonté.

134. La Vierge à la Chaise, d'après le tableau de Raphaël.

Superbe épreuve avant toutes lettres, dite de remarque, sur chine. Toute marge.

135. La même estampe.

Très belle épreuve avant toutes lettres, dite d'artiste. Toute marge.

136. La Source, d'après Ingres.

Deux superbes épreuves avant toutes lettres, dont une d'essai.

CALLOT (J.).

137. Saint Nicolas prêchant (M. 140).

Très belles épreuves avant l'adresse de Is. Silvestre.

138. La Carrière de Nancy (621).

Très belle épreuve du 1er état ; avant l'adresse de Is. Silvestre.

139. La Petite Vue de Paris (712).

Deux très belles épreuves, dont une du 1er état est avant le fond représentant la vue du Pont-Neuf.

140. Les deux grandes Vues de Paris (713-714).

Belles épreuves.

CANALETTI (Ant.).

141. Vues de Venise. Suite complète de 31 pièces gravées à l'eau-forte, tirées sur 18 feuilles.

Superbes et très rares épreuves avant les numéros. Toutes marges.

CARAGLIO (J.).

142. Ixion (B. App. 1).
Superbe épreuve.

143. La Bataille au bouclier sur la lance (59). — Ixion (app. 1). 2 pièces.
Très belles épreuves.

CARON (A.).

144. Le Christ au Jardin des Oliviers, d'après A. Scheffer.
Superbe épreuve avant toutes lettres, sur chine. Signée.

CARRACHE (Les).

145. Saint Jérôme (B. 75).
Très belles épreuves du 1er et du second état.

146. Suzanne et les Deux vieillards (1). — La Vierge à l'Hirondelle (8). — Saint Jérôme (75). — Pièce lascive. 4 pièces.
Belles épreuves.

CASA (N. della).

147. Baccio Bandinelli (R. D. 2).
Très belle épreuve avec marge.

CHAPUY (J.-B.).

148 Vue perspective du Champ de Mars, jour du Serment civique, prononcé par la Nation Françoise assemblée à Paris, le 14 juillet 1790, peint par le Roi.
Superbe épreuve imprimée en couleur.

CHOFFARD (P.-P.).

149. Encadrement du portrait de Corneille gravé par Gaucher, d'après le dessin de H. Gravelot. In-8.
Très belle épreuve. Dans le médaillon blanc réservé pour le portrait de Corneille, un dessin à la mine de plomb représentant une jeune femme en buste.

CLAESSENS (L.-A.).

150. La Descente de croix, d'après le tableau de Rubens.
Très belle épreuve lettres grises.

151. La Femme hydropique, d'après le tableau de G. Dow.
Superbe épreuve avant toutes lettres, sur chine.

152. La même estampe.
Très belle épreuve, lettres grises.

COCHIN (Ch.-N.).

153. *Beaumarchais* (Caron de). — *Houel* (J.-P.-L.). 2 portraits in-4 et in-8, gravés par A. de Saint-Aubin et Lingée.
Très belles épreuves.

COINY (J.).

154. La Création d'Eve, d'après la fresque de Michel-Ange.
Très belle épreuve, lettres grises, sur chine. Toute marge.

COYPEL (Ch.).

155. *Voisin* (Catherine Deshayes dite la), célèbre empoisonneuse. (R. D. 13). In-fol.
Très belle épreuve.

DALEN (C. Van).

156. *Aretin* (P.). — *Boccace* (J.). — *Piombo* (S. del). — *Barbarelli* (G.) dit le Giorgone. Suite de 4 portraits in-fol., gravés d'après le Titien.
Très belle épreuve avant la lettre.

157. *Barbarelli* (G.) dit le Giorgone, d'après le Titien. In-fol.
Très belle épreuve avant la lettre. Grande marge.

DANGIN (G.).

158. La Maîtresse du Titien, d'après le tableau du Titien.
Superbe épreuve avant toutes lettres, sur chine, dite d'artiste. Signée du graveur.

159. Le Triomphe de l'Amour, d'après le tableau de Mantegna du Musée du Louvre.

Très belle épreuve avant toutes lettres, sur chine. Signée.

DASSONVILLE (J.).

160. Le Jeune Homme masqué armé de verges. — Vieillard lisant la *Gazette*. — Les écots de gueux, etc. 7 pièces gravées à l'eau-forte.

Très belles épreuves.

DAULLÉ (J.).

161. *Coignard* (J.-B.). Imprimeur-libraire, d'après Voireau (D. 16).

Superbe et très rare épreuve d'un état non décrit ; elle est avant la lettre et entièrement terminée. Marge.

162. *Gendron* (Cl. Deshays), Docteur médecin de la faculté de Montpellier, d'après H. Rigaud (24). In-fol.

Très belle épreuve avant la lettre.

163. *Marie Lekzinska,* Reine de France, en pied, d'après Tocqué (40).

Très belle et rare épreuve avant la lettre. Grande marge.

164. *Marie-Josephe,* Reine de Pologne, en pied, d'après L. de Silvestre (41).

Très belle épreuve avec toute sa marge.

165. La même estampe.

Très belle et très rare épreuve d'essai, non entièrement terminée, de la tête et du buste seulement. Médaillon ovale entouré d'un double filet.

166. *Maupertuis* (*P.-L. de*), Géomètre, d'après R. Tournière (44). In-fol.

Superbe épreuve avant toutes lettres.

167. *Pelissier* (Mlle) de l'Académie de musique, d'après Drouais (57). In-fol.

Très belle épreuve avec toute sa marge.

168. *Saint-Simon* (*Cl. de*), évêque de Metz (74). Pièce in-fol. gravée en collaboration avec Wille.

Très belle épreuve avec toute sa marge.

169. Charles Alexandre *de Lorraine.* — *Gauffecourt.* — *Maupertuis.* 3 portraits in-fol.
Très belles épreuves.

DEBUCOURT (L.-P.).

170. La Promenade publique, 1792.
Superbe épreuve avant la lettre, imprimée en couleur. Très rare de cette qualité.

171. Mort du prince Joseph Poniatowski, d'après H. Vernet.
Très belle épreuve.

DELACROIX (Eug.).

172. Frère Martin serrant la main de fer de Gœtz.
Superbe épreuve du 1er état.

DELAULNE (Ét.).

173. *Henri II,* roi de France, en buste dans un ovale (R. D. 311). In-18.
Très belle épreuve. Fort rare.

174. Écran ou miroir à main (315).
Belle épreuve.

DESNOYERS (Baron Boucher).

175. La Vierge dite la Belle Jardinière, d'après Raphaël.
Très belle épreuve, lettres grises. Tachée.

176. La même estampe.
Trois très belles épreuves anciennes.

177. La Vierge de la Maison d'Albe, d'après Raphaël.
Très belle épreuve, lettres grises.

178. La Vierge au Donataire, dite de Foligno, d'après Raphaël.
Très belle épreuve, lettres grises.

179. La même estampe.
Très belle épreuve du même état.

180. La même estampe.
Très belle épreuve avec le cachet de Ptolémée.

181. La Vierge au Poisson, d'après Raphaël.

Très belle épreuve, lettres grises.

182. La Vierge aux Rochers, d'après L. de Vinci.

Très belle épreuve, lettres grises.

183. La Visitation, d'après Raphaël.

Très belle épreuve, lettres grises.

184. Les Trois vertus théologales : la Foi, l'Espérance et la Charité. Gravé d'après les Peintures en grisailles qui étaient à Pérouse.

Superbes épreuves avant la lettre, seulement les noms des artistes et un médaillon symbolique au milieu de la marge.

185. La Madone de Saint Sixte, d'après Raphaël.

Très belle épreuve avant la lettre, sur chine.

186. Les Muses et les Pierrides, d'après Perino del Vaga.

Superbe épreuve, lettres grises. Toute marge.

187. La Vierge à la Chaise, d'après Raphaël.

Trois très belles épreuves, dont deux portent le cachet de Desnoyers.

188. Sainte Catherine d'Alexandrie, d'après Raphaël.

Trois épreuves avec le cachet.

189. La Visitation. — La Vierge au Poisson. — La Vierge de la Maison d'Albe. 4 pièces d'après Raphaël.

Anciennes et très belles épreuves.

190. La Madeleine. — La Vierge du Palais Tempi. — Phèdre et Hippolyte. 3 pièces.

Anciennes et très belles épreuves.

191. Napoléon le Grand, en pied, d'après F. Gérard. In-fol.

Très belle épreuve dite à l'Aigle; manque un peu de conservation.

DESNOYERS ET MASSARD.

192. Bélisaire. — Homère. Deux pièces, faisant pendants, gravées d'après F. Gérard.

Très belles épreuves, lettres grises.

193. Les mêmes estampes.

Très belles épreuves, l'épreuve du Bélisaire porte le cachet de Ptolémée.]

DE SON (N.).

194. L'Excellent frontispice de l'Eglise de l'abbaye de Sainct Nicaise de Reims.

Très belle et très rare épreuve avant la date 1665, à la suite du nom de De Son. Grande marge.

195. La même estampe.

Très belle épreuve.

DESPLACES (L.).

196. *Duclos* (*Mlle*), de la Comédie-Française dans le rôle d'Ariane, d'après N. de Largillière. In-fol.

Très belle épreuve avant l'adresse. Grande marge.

DESRAIS (D'après).

197. La Femme Vengée.

Très rare épreuve au trait ; au verso de l'estampe, une seconde épreuve moins bien venue.

DIETRICY (Ch.).

198. Le Charlatan. — Paysages. — Compositions diverses. 18 pièces gravées à l'eau-forte.

Très belles épreuves, quelques-unes de remarque.

DREVET (P.).

199. *Bouillon* (Ed.-Théodore de la Tour d'Auvergne, Cardinal de), d'après de Troy (F. D. 26). Gr. in-fol.

Très belle épreuve.

200. *Cotte* (Robert de), architecte, d'après H. Rigaud (34). In-fol.

Superbe épreuve avant le mot architecte. Grande marge.

201. *Maine* (*Ls Augte de Bourbon,* Prince de Dombes, Duc du), d'après de Troy (62). Gr. In-fol.

Très belle épreuve. Rare.

202. *Keller* (J.-Balthasar), inspecteur de la fonderie de l'Arsenal à Paris, d'après H. Rigaud (76). In-fol.

Très belle épreuve avant la lettre.

203. *Rigaud* (Hyacinthe), célèbre peintre, d'après lui-même (111). In-fol.

Très belle épreuve avant toutes lettres et avant les armes. Très rare.

204. *Rohan* (Armand-Gaston, prince de), cardinal, d'après H. Rigaud (113). In-fol.

Très belle épreuve avant la croix pastorale et avant que les deux vers sur la tablette aient été supprimés.

205. *N. Boileau. — Cardinal de Noailles. — H. Rigaud. — La Vergne de Tressan.— Guill. de Vintimille.* 5 portraits in-fol.

Belles épreuves.

DREVET (P.-J.).

206. *Lecouvreur* (Ad.), de la Comédie-Française, d'après Ch. Coypel (F. D. 24). In-fol.

Très belle épreuve avant l'E au mot modèle.

207. *Louis XV*, jeune, assis sur son trône, d'après H. Rigaud (58). Grand in-fol.

Très belle épreuve.

208. *Bossuet*, en pied. — *Le duc d'Orléans. — L. de la Vergne de Tressan.* 3 portraits in-4 et in-fol.

Belles épreuves.

209. *Adrienne Lecouvreur.* — *L^se Ad^lle* d'*Orléans*, abbesse de Chelles. — *Duchesse de Nemours.* 3 portraits in-fol.

Belles épreuves.

DUC (Jean Le).

210. Différents chiens. Suite de huit pièces (B. 1 à 8).

Très belles épreuves avec marges. Collection Dent.

DUJARDIN (Karel).

211. La Vache et le Veau (B. 3).

Très belle épreuve avant le numéro.

212. La Vache et le Veau (3). — La Chèvre et les Deux Moutons, 2 épreuves (7). — Les Trois Cochons couchés devant l'étable, 2 épreuves (8). — Jean de Vos (52). 6 pièces.

Belles épreuves avant les numéros.

DUNKARTON (R.).

213. Lydia, gravé à la manière noire, d'après Peters.

Très belle épreuve, sans marge.

214. Loth et sa fille, gravé à la manière noire, d'après A. de Gelder.

Très belle épreuve.

DURER (A.).

215. Crucifix. Petite planche ronde (B. 23).

Très belle épreuve de l'original de Bartsch, Copie A. de Passavent.

216. Jésus-Christ expirant sur la croix (24).

Très belle épreuve.

217. L'Enfant prodigue.

Bonne épreuve avec une petite marge.

218. La Vierge à la Couronne d'étoiles (31).

Très belle épreuve, très légèrement rognée à droite.

219. La même estampe.

Très belle épreuve.

220. Vierge à la Couronne d'étoiles et au Sceptre (32).

Très belle épreuve.

221. La Vierge couronnée par un ange (37).

Très belle épreuve avec une petite marge, signée *P. Mariette*, 1690.

222. La même estampe.

Très belle épreuve.

223. La Vierge couronnée par deux anges (39).

Très belle épreuve.

224. La Vierge à la Poire (41).
Belle épreuve.

225. La Sainte Famille (43).
Belle épreuve.

226. La même estampe.
Bonne épreuve.

227. Saint Christophe à la tête retournée (51).
Très belle épreuve.

228. Saint Christophe (52).
Très belle épreuve.

229. Saint Sébastien attaché à une colonne (56).
Très belle épreuve.

230. Saint Jérôme, planche gravée à l'eau-forte sur fer (59).
Belle épreuve.

231. Saint Eustache ou Saint Hubert (57).
Superbe épreuve. Collection Schlœsser.

232. La même estampe.
Très belle épreuve sur papier à la grande couronne.

233. Saint Jérôme dans sa cellule (60).
Belle épreuve.

234. Sainte Geneviève (63).
Très belle épreuve. Le coin du bas, à droite, a été rapporté.

235. L'Enlèvement d'Amymone (71).
Très belle épreuve.

236. La même estampe.
Très belle épreuve.

237. Les effets de la Jalousie (73).
Très belle épreuve avec marge.

238. La même estampe.
Belle épreuve.

239. Le groupe des quatre femmes nues (75).
Très belle épreuve, une légère déchirure dans le bas de l'estampe.

240. La même estampe.
Très belle épreuve.

241. L'Oisiveté (76).
Très belle épreuve. Col. Donnadière.

242. La Justice (79).
Très belle épreuve.

243. Le Paysan et sa femme (83).
Très belle épreuve.

244. L'Oriental et sa femme (85).
Belle épreuve.

245. Assemblée des gens de guerre (88).
Belle épreuve.

246. Le Paysan du marché (89).
Belle épreuve.

247. Le Violent (92).
Superbe épreuve avant la retouche.

248. Le Seigneur et la Dame (94).
Bonne épreuve.

249. Le Petit Cheval (96).
Très belle épreuve.

250. Les Armoiries au coq (100).
Très belle épreuve. Coll^{on} Donnadieu.

251. Erasme (107).
Bonne épreuve.

252. Le Crucifiement. Pièce gravée au trait (P. 109).
Très belle épreuve de la copie.

DUSART (C.).

253. Le Couple ivre, 2 épr. (7). Le Cordonnier renommé (14). 3 pièces.
Belles épreuves.

DUSART ET GOLE.

254. Les Héros de la Ligue ou la Procession Monacale conduite par Louis XIV. Suite de 26 pièces gravées en manière noire dont nous ne possédons que 25, manque le sonnet final.

Très belles épreuves.

DUVET (J.).

255. Henri II, roi de France (63).

Très belle épreuve ; elle est restaurée.

DYCK (ANT. VAN).

256. Antoine Triest (W. 13).

Superbe épreuve avec l'adresse de M. Vanden-Enden.

257. Guillaume de Vos. — Paul de Vos (6). 2 pièces.

Très belles épreuves avec les lettres G. H.

258. Le Christ au Roseau.

Superbe épreuve avant les mots : *Et fecit aqua-forti*, après le nom du maître.

259. Le Titien et sa maîtresse.

Très belle épreuve avant l'adresse de Bon-Enfant.

260. L'Ecce-Homo. — Le Titien et sa maîtresse. 2 pièces.

Belles épreuves.

DYCK (D'après ANT. VAN).

261. Jean-Baptiste *Barbé*, par Sch. a Bolswet (20).

Superbe épreuve du 1er état : avant le nom du graveur et avec l'adresse de M. Van-den Enden.

262. *Mirevelt* (M.), Peintre de portraits, par G.-J. Delff (26).

Superbe épeuve avant toutes lettres, 1er état inconnu à Weber.

263. *Simon-Vouet*, par R. Van Voerst (74).

Superbe épreuve du 1er état, avant le nom du graveur et avec l'adresse de M. Van-den Enden.

264. *F. de Pereisc* (89). — *J. de Cachiopin* (7). 2 portraits gravés par L. Vorsterman.

Superbes épreuves du 1er état : avant le nom du graveur et avec l'adresse de M. Van-den Enden.

265. *Callot* (J.) par Vorsterman (76).

Très belle épreuve du 2me état : avant la seconde ligne et avec l'adresse de M. Van-den Enden.

266. *Henri Riche*. Earle of Holland, par P. Clouet (87).

Superbe et très rare épreuve du 1er état : avant la lettre mais avec les noms des artistes.

267. *Ferdinand*, archiduc d'Autriche, par P. de Jode.

Superbe et très rare épreuve d'un tout 1er état non décrit : avant toutes lettres et non entièrement terminée.

268. La même estampe.

Superbe épreuve avant toutes lettres, terminée. État également non décrit.

269. *Anna Wake*, par P. Clouet.

Très belle épreuve avant la lettre.

270. Dom. Tilli. — D. Ch. Colonna. — Amb. Spinola. 3 portraits gravés par Jode, D. Pontius et Vosterman.

Très belles épreuves du 1er état.

271. Ferdinand III. — Marie d'Autriche. — J. Hamilton. — Princesse de Ligne. — Frédéric-Henri. — Ant. van Opstal. 6 portraits gravés par C. Galle, Michel Natalis et autres artistes pour l'éditeur J. Meyssens.

Très belles épreuves des premiers et seconds états.

272. P. de Jode. — C. Schut. — H. Vanden Eynden. — P. Halmalius. — Don Alvar Bazan. 6 portraits gravés par Vosterman, P. de Jode et P. Pontius.

Très belles épreuves du 2e état : avec l'adresse de M. Van-den Enden et les noms des graveurs.

273. Deodat-Delmont. — F. de Pereisc. — M. Mirevelt. — R. van Vœrst. — P. Halmalius. — D. Tuldens. — D. Alvar Bazan. — Ch. Colona. — M. de Médicis. — A. Spinola. — Don Ph. de Gusman, etc. 20 portraits gravés par P. de Jode, P. Pontius, Vorsterman et autres.

Très belles épreuves.

274. Comtes et Comtesses. Suite de dix portraits gravés par Lombart.

Très belles épreuves.

275. 12 pièces, doubles de la suite précédente.

Belles épreuves.

ÉCOLE ALLEMANDE.

276. Le Massacre de la Saint-Barthélemy, pièce anonyme allemande gravée sur bois.

Épreuve coloriée avec sa légende explicative.

277. Intérieur rustique. — Cavalcade. — Le troupeau en marche. — Paysage. — Les Saisons. — Portrait de F. Villani, etc. 12 pièces par Suiderhoef, Vissher et autres artistes.

Belles épreuves.

ÉCOLE DE FONTAINEBLEAU.

278. La Nymphe de Fontainebleau, par R. Boyvin, d'après Le Rosso.

Très belle épreuve.

279. La Chasse. — La Pêche. — Cléopâtre se faisant piquer par des aspics, 2 épreuves. — Marc-Curtius se dévouant à sa patrie. 5 pièces dont trois dans des bordures ornementées, d'après L. Penni.

Très belles épreuves.

280. 36 pièces, la plupart par L. Daven, d'après le Primatice et maître Roux.

Belles épreuves.

ÉCOLE ITALIENNE.

281. Le Jugement dernier. — Sujets mythologiques et de la fable. — Ornements. 20 pièces, par des maîtres anonymes de l'école de Marc-Antoine.

Très belles épreuves.

EDELINCK (G.).

282. Sainte Famille, d'après Raphaël (R. D. 4).

Superbe épreuve du 2e état : avant les armes de l'abbé Colbert. Collection R. Dumesnil.

283. La même estampe.

Très belle épreuve de même état.

284. Le Crucifix aux anges, d'après Ch. Le Brun (17).

Superbe épreuve avant l'adresse de Drevet. Rare.

285. Sainte Madeleine, d'après Ch. Le Brun (32).

Très belle épreuve avant la bordure.

286. *Desjardins* (M. Van den Bogaert, dit), célèbre sculpteur, d'après H. Rigaud (182). In-fol.

Très belle épreuve avant l'adresse de Drevet.

287. *D'Aligre* (*Et.*), chancelier de France, d'après Nanteuil, buste fort comme nature (178). In-fol.

Superbe et très rare épreuve du 1er état : avant toutes lettres. Très rare.

288. *Ferdinand*, prince-évêque de Paderborn et de Munster, d'après Le Brun (203). In-fol.

Superbe épreuve du 1er état : avant les mots : *E typographia Regia*.

289. *Helyot* (Madame), d'après J. Gaillot (223). In-fol.

Très belle épreuve avec marge.

290. *La Fontaine* (*J. de*), d'après H. Rigaud (230). Grand in-4°.

Très belle épreuve.

291. *Léonard* (F.), Premier imprimeur du Roi, d'après H. Rigaud (242). — *Savary* (M.), Evêque de Séez, d'après Ferdinand (315). 2 portraits in-fol.

Très belles épreuves.

292. *Louis XIV*, roi de France (249). In-8.

Très belle épreuve du 1er état : avant que la marge ait été coupée. Très rare.

293. *Philippe V*, roi d'Espagne, n'étant encore que duc d'Anjou, d'après De Troy (294). In-fol.

Très belle épreuve.

294. *De Blye. — Éverard. — Ch. Parent. — L'abbé Bignon. — Cl.-M. Le Tellier.* Cinq portraits in-folio d'après Tortebat et Coypel.

Très belles épreuves avec marges.

EDELINCK ET NANTEUIL.

295. *Louis XIV. — Colbert. — M. Le Tellier.* Trois portraits, bustes forts comme nature.

Très belles épreuves.

EISEN (D'après Ch.).

296. Concert méchanique inventé par R. Richard; exposé à la Bibliothèque du roi, 1769. Gravé par de Longueil.

Très belle épreuve tirée avant la suppression du lustre. Toute marge.

ESTÈVE (R.).

297. Moïse frappant le rocher, d'après Murillo.

Superbe épreuve avant toutes lettres, dite d'artiste. Sur chine.

298. La même estampe.

Superbe épreuve avant la lettre.

FALCK (J.).

299. *Stüve*, d'après A. Boy. Petit in-folio.

Très belle épreuve avec une grande marge. Rare.

300. *Mochingeries*, peintre. — *Louis XIII.* Deux portraits in-folio.

Très belles épreuves.

301. La Vielle Coquette.

Très belle épreuve.

FELSING (J.).

302. La Déposition, d'après Raphaël.

Deux très belles épreuves.

303. Sainte Geneviève, d'après E. Steinbrück.

Superbe épreuve avant toutes lettres et avant l'encadrement.

304. La même estampe.
Très belle épreuve avant toutes lettres.

304 *bis*. La même estampe.
Deux très belles épreuves avant la lettre.

FLAMENG (L.).

305. Angélique, d'après Ingres. — La Dernière Poupée, d'après Amaury-Duval. Deux pièces.
Superbes épreuves avant toutes lettres, sur chine.

FICQUET (Et.).

306. *Crébillon* (Prosper-Jolyot de), d'après Aved (F. 37). In-8.
Très belle épreuve avant les noms des artistes. Remargée.

307. *Descartes* (René), d'après F. Hals (39). In-8.
Très belle épreuve avant les noms des artistes. Grande marge.

308. *Mairan* (J.-J. Dortous de), d'après Tocqué (41). In-4.
Superbe épreuve avant toutes lettres; tout 1er état non décrit par M. Faucheux.

309. *Eisen* (Charles), d'après Visper (51). In-8.
Très belle épreuve avec marge.

310. *La Fontaine* (Jean de), d'après H. Rigaud (58). In-8.
Très belle épreuve dite au Ruisseau blanc.

311. *Chennevières. — Crébillon. — Corneille. — Descartes. — La Mothe-Levayer. — J.-B. Rousseau. — Saugrain. — Vadé.* Huit portraits in-8.
Belles épreuves.

312. *Crébillon. — Chennevières. — Descartes. — La Mothe-Levayer. — Saugrain. — Vadé.* Dix portraits in-8, plusieurs sont doubles.
Belles épreuves.

FIRENS (P.).

313. « Le Portraict du défunct Roy Henry le Grand IIIIe du nom, roi de France et de Navarre en son lict de deuil ». 1610.
Très belle épreuve avec marge. Rare.

FORSTER (M.-F.).

314. **Raphaël à l'âge de 15 ans, d'après lui-même.**

Superbe et très rare épreuve avant toutes lettres, numérotée dans la marge inférieure : 4e épreuve d'essai. Toute marge.

315. **Raphaël Sanzio, d'après le tableau de la Galerie de Florence.**

Très belle épreuve avant la lettre, sur chine.

316. **La même estampe.**

Deux très belles épreuves sur chine.

317. **La Maitresse du Titien, d'après le Titien.**

Quatre belles et anciennes épreuves.

318. **Les trois Grâces, d'après Raphaël.**

Très belle épreuve avant la lettre, portant le n° 75. Toute marge.

*319. **La Vierge à la Légende, d'après Raphaël.**

Superbe et très rare épreuve, avant toutes lettres et avant le filet d'encadrement. Sur chine.

320. **La même estampe.**

Très belle épreuve avant la lettre, sur chine, portant le n° 69. Toute marge.

321. **La Vierge de la maison d'Orléans, d'après Raphaël.**

Très belle épreuve avant la lettre, sur chine, portant le n° 61. Toute marge.

322. **La Vierge aux Bas-reliefs, d'après L. de Vinci.**

Superbe épreuve avant la lettre, portant le n° 19. Signée du graveur.

323. **La même estampe.**

Très belle épreuve, sur chine, avec le mot tableau écrit sans abréviation; signée du graveur.

324. **Vierge aux Bas-reliefs. — Vierge à la Légende. 2 pièces.**

Très belles épreuves.

FRAGONARD (D'après H.).

325. **Les Hazards heureux de l'escarpolette, par N. de Launay.**

Très belle épreuve de la planche carrée, avant qu'elle ait été réduite à l'ovale.

326. Dites donc s'il vous plaît. Grande pièce de forme ovale en largeur.

Très belle et rare épreuve, à l'état d'eau-forte.

327. La Cachette découverte. par R. de Launay.

Belle épreuve avec marge.

FRANÇOIS (J.).

328. Les Joies d'une Mère, d'après P. Delaroche.

Superbe épreuve avant toutes lettres, dite d'artiste; sur chine. Toute marge.

FRANCO (J.) ET VICO (E.).

329. Jésus disputant avec les docteurs de la Loi, 1re épr. (9). — Tarquin et Lucrèce. 1re épr. (15). — Léda. 3 pièces.

Superbes épreuves.

FREUDEBERG (D'après S.).

330. L'Événement au bal, par Duclos et Ingouf.

Très belle épreuve avant le numéro.

331. La Toilette, par Voyez l'aîné.

Très belle épreuve avant toutes lettres. Très rare.

332. La Visite inattendue, par Voyez l'aîné.

Très belle épreuve avant le numéro. Grande marge.

FYT (J.).

333. Les Chiens. Suite de 8 pièces (B. 9-16).

Très belles épreuves du 2e état.

GAILLARD (R.).

334. *Bertin* (*H. Léon*). Contrôleur général des finances, d'après Roslin. In-fol.

Très belle épreuve avant toutes lettres. Rare.

GAILLARD (F.).

335. *Henri*, Comte de Chambord. In-fol.

Superbe épreuve avant la lettre, avant que les fleurs de lis aient été teintées; sur chine.

336. *Pie IX.*

Très belle épreuve, sur chine.

GARAVAGLIA (G.).

337. La Vierge à la Chaise, d'après le tableau de Raphaël.

Très belle épreuve avant la lettre et avant les armes; sur chine remonté.

338. La même estampe.

Très belle épreuve avant la lettre.

339. Une Sainte.

Deux superbes épreuves avant-la lettre, dont une dite d'artiste.

GARAVAGLIA ET ANDERLONI.

340. L'Assomption de la Vierge, d'après le tableau de Guido Reni.

Superbe épreuve avant toutes lettres, dite d'artiste. Toute marge.

341. La même estampe.

Très belle épreuve, lettres grises, sur chine.

GARAVAGLIA ET LONGHI.

342. La Vierge à la Chaise. — La Vierge au Linge. 2 pièces.

Anciennes épreuves.

GAULTIER (L.).

343. *Montpensier* (Henri, Duc de), Pair de France. In-8.

Très belle épreuve avec marge. Rare.

344. *Henri III.* — *Marie de Médicis.* — *Duchesse de Nemours.* — *Louis XIII.* 5 portraits in-8.

Très belles épreuves.

GELÉE (Cl.), dit LE LORRAIN.

345. La Fuite en Égypte (R. D. 1). — Le Naufrage (7). — Le Dessinateur. 3 pièces.

Belles épreuves.

346. La Tempête (5).

Très belle et rare épreuve du 1er état?

347. La même estampe.

2 épreuves, dont l'une est avant le numéro.

348. La Danse au bord de l'eau (6).

Superbe épreuve du 1er état. : avant le trait carré dans le bas de la planche, avant le chiffre 5 et avant que l'inscription *C.l.a.* dans la marge, à gauche, ait disparu; elle est tachée et manque de fraicheur. Excessivement rare.

349. La même estampe.

Très belle épreuve du 2e état.

350. Scène de brigands (11).

Deux très belles épreuves des 3e et 4e états.

351. Le Pont de bois (14).

2 belles épreuves du 2e état.

352. Mercure et Argus (17).

Très belle épreuve du 1er état : avant la retouche.

353. Le Troupeau en marche par un temps orageux (18).

Belle épreuve du 1er état.

354. Berger et Bergère conversant (21).

Superbe épreuve du 2e état : avec le groupe d'arbres abaissé, mais avant que la ville fortifiée, que l'on voit à droite, entre les deux groupes d'arbres, ait disparu et ait été remplacée par des fabriques et une chaîne de montagnes. Très rare.

355. La même estampe.

Très belle épreuve du 4e état : avec le trait échappé sur la cuisse de la bergère et avant la coulure d'eau-forte.

356. La Danse villageoise (24).

Très belle épreuve du 2e état : avant que le trait carré ait été renforcé.

357. Feu d'artifice (36).

Très belle épreuve. Rare.

GELÉE, MULLER ET ROGER.

358. La Vengeance divine poursuivant le crime. — L'Enlèvement de Psyché ! — La Vertu aux prises avec le Vice. 3 pièces, d'après Prud'hon et Mlle Mayer.

Superbes épreuves avant la lettre.

GÉRICAULT (Th.).

359. Le Factionnaire Suisse au Louvre.

Très belle épreuve.

GHISI (Les).

360. Caius-Marius à Minturnes (26). — Psyché et l'Amour (45). — Vénus occupée à forger les traits de l'Amour (64). — Déesse sur son char. 4 pièces.

Très belles épreuves.

GIFFART (P.).

361. *Maintenon* (F^se^ d'Aubigné, M^se^ de). In-fol.

Très belle épreuve.

GIRARDET (Ch.).

362. La Transfiguration, d'après Raphaël.

Superbe épreuve avant toutes lettres.

363. La même estampe.

Très belle épreuve avant la lettre.

GLOCKENTON (A.).

364. Le Portement de croix, copie de l'estampe de Martin Sehœn (B. 15).

Belle épreuve. Restaurée.

GODEFROY (J.).

365. *Maury* (J. Siffrein), d'après Bernard d'Aguessi. In-fol.

Très belle et rare épreuve avec le nom en capitales grises sans aucune autre lettre. Toute marge.

GOLTZIUS (H.).

366. *Goltzius* (*H.*). en grandeur naturelle (B. 172).

Superbe épreuve avant toutes lettres. Très rare.

367. *Henri IV*, roi de France (173). In-fol.

Très belle épreuve.

368. Le Fils de Thierry Frisius prêt à monter sur un chien. (190).

Très belle épreuve.

GOURMONT (J. DE).

369. La Vierge assise sur un trône (R. D. C.).

Très belle épreuve. Rare.

GRATELOUP (J.-B. DE).

370. Son œuvre.

Bossuet, en pied, d'après H. Rigaud (F. 1). 1er état, sur chine, doublé.
Bossuet, en buste, d'après Rigaud (2). 1er état, sur chine, doublé.
Descartes (*R.*), d'après F. Hals (3). 1er état, sur chine, doublé.
Dryden (*John*), d'après Kneller (4). 1er état.
Fénelon, d'après Vivien (5). 2e état.
Lecouvreur (*Adrienne*), d'après Coypel (6). 2e état.
Montesquieu, d'après un médaillon de J. Dassier (7). 1er état, sur chine.
Polignac (*Melchior de*), d'après Rigaud (8). 4e état.
Rousseau (*J.-B.*), d'après Aved (9). 1er état.

Ces 9 pièces forment l'Œuvre complet de J.-B. de Grateloup, Les épreuves sont superbes, ont toutes leurs marges et sont de la plus grande fraîcheur. Excessivement rares en aussi belle condition.

371. Le même œuvre :

Bossuet, en pied, 3e état, sur chine doublé.
Bossuet, en buste, 1er état, sur chine doublé.
Descartes, 3e état.
Dryden, 2e état, sur chine doublé.
Fénelon, 2e état, sur chine doublé.
Ad. Lecouvreur, 1er état, sur chine.
Montesquieu, 2e état, sur chine doublé.
M. de Polignac, 4e état.
J. B. Rousseau, 1re épreuve.

Les épreuves sont très belles, ont toutes leurs marges et sont également de la plus grande fraîcheur.

GREUZE (D'après J.-B.).

372. La Cruche cassée, par Massard.

Superbe épreuve avant toutes lettres et avant la tablette inférieure. Excessivement rare.

373. La même estampe.

Superbe épreuve, signée des artistes.

374. L'Oiseau mort, par J.-J. Flipart.

Très belle épreuve.

375. Les Œufs cassés, par Moitte.

Très rare épreuve à l'état d'eau-forte pure. Grande marge.

376. Thaïs ou la Belle Pénitente, par Levasseur.

Très belle épreuve.

GUÉRARD (H.).

377. Une Négresse, impression de couleur.

Très belle épreuve.

HACKAERT (J.).

378. Vues et paysages. Suite de six pièces (B. 1-6).

Très belles épreuves.

HAFTEN (N. Van).

379. *J. F. Karg*, Baron de Bebenburg. In-fol.

Très belle épreuve. Non décrite par Bartsch.

HENRIQUEL-DUPONT.

380. Une Dame et sa Fille, d'après Van Dyck.

Très belle épreuve avant la lettre.

381. Henri IV, jeune, d'après un artiste contemporain.

Trois très belles épreuves en 3 états différents : avant toutes lettres et avant l'encadrement, avant toutes lettres mais avec l'encadrement, et avec la lettre.

382. Comte Pastoret, d'après P. Delaroche. — Comte Duchatel, d'après H. Flandrin. 2 portraits in-fol.

Trois épreuves avant la lettre dont une double.

383. Le Duc d'Orléans, en pied, d'après E. Lami.

Trois épreuves sur blanc et sur chine.

384. Mirabeau à la tribune, d'après P. Delaroche.

Trois épreuves en différents états : à l'eau-forte, avant la lettre et avec la lettre.

385. Portrait de M. Bertin l'aîné, d'après Ingres. In-fol.

Très belle épreuve avant la lettre, sur chine.

386. La même estampe.

Très belle épreuve du même état.

387. Henri de Bourbon, roi de Navarre. — Ch. Perrault. — Mansard. — Achille Allier. — Ch. Normand. — Buttura. — Rachel. — Henri Delaborde. 8 portraits in-fol. et in-4.

Très belles épreuves.

388. Les Cinq Saints, d'après Raphaël.

Très rare épreuve d'essai.

389. Le Christ consolateur, d'après Ary Scheffer.

Superbe épreuve avant toutes lettres, sur chine.

390. La même estampe.

Deux très belles épreuves, sur chine.

391. Lord Strafford, d'après Paul Delaroche.

Superbe épreuve avant la lettre, sur chine.

392. La même estampe.

2 très belles épreuves, sur chine.

393. L'hémicycle des Beaux-Arts, d'après P. Delaroche.

Très belle épreuve sur chine. Encadrée.

HOEYE (R. Van den).

394. *Christian IV*, roi de Danemark et de Norvège, d'après le tableau de K. de Mander. Grand portrait équestre; au fond, la vue d'un château.

Superbe épreuve. Très rare.

HOLLAR (W.).

395. La Passion. Suite de 16 pièces, dont nous ne possédons que 14. Manquent les planches 15 et 16 (P. 116-131).

Très belles épreuves avec marges.

396. Le Père de A. Durer (1389). In-4.

Très belle épreuve.

397. Vue du portail et d'une partie de la cathédrale d'Anvers (824).

Superbe épreuve avant divers travaux et avec une seule ligne d'écriture dans la marge, au bas de la planche.

398. La même estampe.

Très belle épreuve du même état.

399. Le Calice, d'après Mantégna.

Très belle épreuve.

HONDIUS (H.).

400. *Médicis* (Marie de), reine de France. In-fol.

Très belle épreuve. Petite marge.

HUET (D'après J.-B.).

401. Le Midy, par Bonnet.

Très rare, épreuve au trait.

HUET (P.).

402. Eaux-fortes diverses, 17 pièces de formats variés, gravées de 1834 à 1868 et publiées chez Goupil.

Très belles épreuves sur chine.

JACQUET, GIRARD ET AUTRES.

403. Étude d'homme. — La Femme fellah. — Les Deux Pigeons. — Portrait de moine. 4 pièces.

Très belles épreuves, deux sont avant la lettre.

JANINET (F.).

404. Marie-Antoinette d'Autriche, reine de France et de Navarre.

Très belle épreuve imprimée en couleur, avec l'encadrement rehaussé d'or. Cadre avec fronton.

405. La même estampe.

Très belle épreuve imprimée en couleur, l'entourage rehaussé d'or est une reproduction.

406. Projet d'un monument à ériger pour le roi, d'après De Varenne; dessiné par Moreau.

Très belle épreuve avant la lettre, imprimée en couleur.

JESI (S.).

407. Portrait du Pape Léon X, d'après le tableau de Raphaël.

Superbe et très rare épreuve avant toutes lettres, dite au Bouton blanc; signée du graveur. Toute marge.

408. La même estampe.

Superbe épreuve avant toutes lettres, sur chine, dite d'artiste. Elle est signée du graveur et a toute sa marge.

409. La même estampe.

Très belle épreuve avant la lettre. Toute marge.

410. La Sainte Famille, d'après le tableau de P. Delaroche.

Superbe épreuve avant toutes lettres, sur chine, dite d'artiste. Signée du graveur.

411. La même estampe.

Très belle épreuve avant la lettre.

KELLER (J.).

412. Les Saintes Femmes au tombeau du Christ, d'après Ary Scheffer.

Trois très belles épreuves avant la lettre, sur chine.

LANCRET (D'après N.).

413. Grandval, par J.-Ph. Le Bas.

Très belle épreuve.

LARMESSIN (N. DE).

414. *La Vallière* (L^{se} F^{se} de la Baume Le Blanc, Duchesse de) In-fol.

Très belle épreuve.

LARMESSIN (N. DE) LE FILS.

415. *Louis XV*, roi de France, en pied, d'après Vanloo. In-fol.

Très belle épreuve avec une grande marge.

LARMESSIN ET DUCHANGE (D'après).

416. *Louis XV*, 3 portraits différents. — *Marquis de Nérestang.* 4 pièces.

Très belles épreuves.

L'ARMESSIN ET MELLAN.

417. *Autriche* (Anne d'), reine de France. — *Gonzague* (Mlle de) reine de Suède. 2 portraits in-fol.

Très belles épreuves.

LAUGIER (J.-N.).

418. Sainte Anne, la Vierge et l'Enfant Jésus, d'après L. de Vinci.

Superbe épreuve avant la lettre, sur chine.

419. Portrait du Poussin d'après lui-même.

Superbe épreuve avant toutes lettres.

LAWREINCE (D'après N.).

420. Le Mercure de France, par Guttenberg (E. B. 38).

Très belle épreuve avec la première adresse, celle de Vidal laquelle, plus tard, fut remplacée par celle de Despeuille.

421. Les Offres séduisantes, par J.-L. Delignon (43).

Très belle épreuve.

422. Qu'en dit l'Abbé, par N. de Launay (31).

Belle épreuve.

423. Le Roman dangereux, par Helman (56).

Très belle épreuve avec marge.

LE BEAU (P.-A.)

424. *Raucour* (F.-A.-M. de). Petit Médaillon ovale reposant sur une tablette décorée d'une vignette, dont le dessin est de Moreau et représente Mlle Raucour dans la scène II du Ve acte de *Mithridate*. In-fol.

Très belle épreuve avant la pagination. Grande marge.

425. *Louis XVI*, Roi de France, d'après une médaille appartenant à M. le Mis de Lavarante. In-8.

Très superbe épreuve. Rare.

LE BEAU ET AUTRES.

426. *J. Legros. — Molière. — Poulain de Ste Foy. — Mme de Sévigné.* 5 portraits in-18 et in-8.

Très belles épreuves.

LECOMTE (N.).

427. Sainte Famille dite à la perle, d'après le tableau de Raphaël.

Très belle épreuve avant la lettre, sur chine. Toute marge.

LECOMTE-THÉVENIN.

428. *Lamennais.* — *Rossini.* — *Baron Denon.* — *F. Arago.* — *O. Barrot.* 7 portraits in-fol.

Très belles épreuves, la plupart avant la lettre.

LEFÈVRE (ACH.).

429. L'Immaculée Conception, d'après Murillo.

Superbe épreuve avant toutes lettres, dite d'artiste, sur chine. Toute marge.

430. La Vierge de Dresde, d'après le Corrège.

Superbe épreuve avant toutes lettres, dite d'artiste, sur chine. Toute marge.

431. Jupiter et Antiope, d'après le tableau du Corrège.

Très belle épreuve avant la lettre, sur chine. Toute marge.

LEHMAN (A.).

432. Le Dante aux Enfers, d'après H. Flandrin.

Très belle épreuve avant toutes lettres, sur chine.

LEMPEREUR (L.).

433. *Lecomte* (Marguerite), d'après C.-H. Watelet. In-8.

Superbe épreuve avant la pagination. Grande marge.

LÉON (J.).

434. *Marie-Thérèse-Charlotte*, princesse Royale de France, gravé à la manière noire, à Vienne, en 1796, d'après Ch. Caspar. In-fol.

Très belle épreuve. Rare.

LEROUX (J.-M.).

435. Léda, d'après L. de Vinci.

Superbe épreuve avant toutes lettres dite d'artiste, sur chine remonté.

436. La même estampe.
Superbe épreuve avant toutes lettres, sur chine.

437. La même estampe.
Très belle épreuve.

LEU (TH. DE).

438. *Conti* (F. de Bourbon, prince de). In-8 (G. D. 348).
Superbe épreuve.

439. *Conti* (Jeanne de Coesme, princesse de). In-8 (350).
Très belle épreuve avant la correction du nom de famille.

440. *Henri IV*, en pied, sous une fenêtre (416). In-8.
Très belle épreuve avant le nom du graveur.

441. *Henri IV. — Cath. de Bourbon. — Prince de Condé*, jeune. — *Caron. — Cl. Fauchet. — Servin*, etc. 8 portraits, in-8.
Très belles épreuves.

LEYDE (L. DE).

442. Caïn tuant Abel (B. 13).
Très belle épreuve.

443. David Victorieux de Goliath (26).
Superbe épreuve. Collection Aylesford.

444. La Fille de Jephté allant au-devant de son père (23). — La Résurrection de Lazare (42). 2 pièces.
Très belles épreuves. Restaurées.

445. Mardochée mené en triomphe (32).
Très belle épreuve, signée : *P. Mariette*, 1668.

446. Le Baptême du Christ (40).
Très belle épreuve, signée : *P. Mariette*, 1693.

447. La même estampe.
Très belle épreuve.

448. Jésus-Christ en prière à la Montagne des Oliviers (66). Pièce gravée à l'eau-forte.
Très belle épreuve.

449. Saint Jérôme (112).
Superbe épreuve. Collection Aylesford.

450. Saint Jérôme (113).
Très belle épreuve.

451. Saint Sébastien (115).
Très belle épreuve. Collection Aylesford.

452. Tentation de saint Antoine (117).
Très belle épreuve.

453. Sainte Madeleine dans le désert (123).
Très belle épreuve.

454. Le Poète Virgile suspendu dans un panier (136).
Belle épreuve.

455. Mars et Vénus (137).
Superbe épreuve, l'angle du bas, à droite, est rapporté.

456. La Promenade (144).
Très belle épreuve, légèrement restaurée.

457. Portrait de Lucas de Leyde (173).
Belle épreuve.

458. Caïn tuant Abel (13). — David en prière (29). — Saint Barthélemy (94). — Saint Antoine l'Ermite (116). — Saint Dominique (118). — Saint Girard Sagrédius (119). 6 pièces.
Très belles épreuves.

LIEVENS (J.).

459. Saint François (B. 6).
Très belle épreuve avant la réduction de la planche et avant les initiales du maître.

460. *Bonus* (Ephraïm) (55). In-fol.
Superbe épreuve avant l'adresse de Clément de Jonghe.

461. La même estampe.
Très belle épreuve.

462. *D. Heinsius* (57). — *J. Gouter* (58). 2 portraits in-fol.
Très belles épreuves, la première est avec l'adresse de M. Van-den Enden.

463. Mercure et Argus. — Têtes d'hommes. 5 pièces.
Très belles épreuves.

LIGNON (F.).

464. La Vierge au Poisson, d'après le tableau de Raphaël.
Superbe épreuve avant toutes lettres, dite d'artiste, sur chine ; signée du graveur. Toute marge.

465. La même estampe.
Deux très belles épreuves avant la lettre, dont l'une n'est pas entièrement terminée.

466. Ecce Homo, d'après le tableau du Titien.
Superbe épreuve avant toutes lettres, dite d'artiste ; la marge est couverte de salissures de burin.

467. Sainte Cécile, d'après le tableau du Dominiquin.
Très belle épreuve lettres grises.

LONGHI (G.).

468. Le Mariage de la Vierge, d'après le tableau de Raphaël.
Superbe épreuve lettres grises.

469. La même estampe.
Très belle épreuve du même état.

470. La Vierge à la bénédiction, d'après le tableau de Raphaël.
Superbe épreuve avant toutes lettres. Toute marge.

471. La même estampe.
Très belle épreuve lettres grises. Toute marge.

472. La Madonna del lago. 3 épreuves. — Galathée. Ensemble. 4 pièces.
Très belles épreuves.

LONGUEIL (DE).

473. Louis XV, vu de face dans une bordure ronde ; au-dessous, trois Amours, dont deux étendent les mains sur un autel où se voient six cœurs enflammés. Petit in-folio.
Très rare épreuve à l'état d'eau-forte. Grande marge.

LORICHON (C.-L.).

474. La Vierge du Palais de Bridge-Water, d'après le tableau de Raphaël.

Superbe épreuve avant toutes lettres, sur chine.

475. La même estampe.

Très belle épreuve lettres grises.

476. La Vierge au rideau, d'après le tableau de Raphaël.

Très belle épreuve avant la lettre. Toute marge.

477. L'Ecce Homo, d'après le tableau du Titien.

Superbe épreuve avant toutes lettres, avec la tablette blanche.

LOUIS (A.).

478. Mignon aspirant au ciel. — Mignon regrettant sa Patrie. 2 pièces faisant pendants, gravées d'après Ary Scheffer.

Superbes épreuves avant la lettre, sur chine, portant le n° 107.

LUTMA (J.).

479. Son portrait, par lui-même.

Très belle épreuve.

LUTZ (P.).

480. La Madonna di San Francesco di Corregio.

Très belle épreuve lettres grises, sur chine.

MAITRE AU DÉ.

481. Bacchanale. — Jeux d'amours. — Tapisseries du Pape. — Pièces tirées de l'histoire de Psyché. — Victoire et Triomphe de Scipion. — Énée sauvant son père Anchise, 10 pièces.

Très belles épreuves, la plupart du 1er état.

MAITRE I. B.

482. Les Enfants vendangeurs (B. 35).

Très belle épreuve.

MAITRE DE 1551.

483. Vase en forme de hanap.
Belle épreuve.

MANTEGNA (And.).

484. La Sépulture (B. 3).
Belle épreuve.

485. Jésus-Christ ressuscité (6). — Éléphants portant des trophées (12). 2 pièces.
Belles épreuves, la dernière pièce est rognée sur le côté droit.

486. Hercule et Anthée (16).
Belle épreuve.

487. Bacchanale au Silene (20).
Très belle épreuve de la copie par un vieux maître anonyme

MARILLIER (D'après C.-P.).

488. 2 en-têtes et 8 fleurons pour les *Baisers* de Dorat.
Très belles et rares épreuves tirées hors texte.

MARTINET (A.).

489. Charles Ier, d'après P. Delaroche.
Très belle épreuve.

MARTINI (P.).

490. Coup d'œil exact de l'arrangement des Peintures au Salon du Louvre, en 1789.
Très belle épreuve.

MASQUELIER (Cl.-L.).

491. La Vierge dite la Madonna del palazzo Colonna, d'après Raphaël.
Deux très belles épreuves dont l'une est avant la lettre.

MASSARD (J.-B.).

492. *N. de Livry*, évêque de Callinique, d'après Tocqué. In-fol.

Très belle et très rare épreuve avant toutes lettres et avec la tablette blanche.

493. La plus belle des mères, d'après Ant. Van Dyck.

Superbe épreuve avant toutes lettres.

MASSARD (R.-U.).

494. Atala, d'après Girodet-Trioson.

Très belle épreuve.

MASSAU (F.-P.).

495. La Vierge et l'Enfant Jésus.

Trois superbes épreuves avant toutes lettres, sur chine.

MASSON (Ant.).

496. *Brisacier* (*G. de*), d'après Mignard (R. D. 15). In-fol.

Très belle épreuve.

497. *Guise* (*Mlle de Lorraine, D^sse de*), d'après P. Mignard (32). In-fol.

Très belle épreuve du 3e état : avant le mot *Roma* suivi d'une figure de lapin à la suite du mot *Pinxit*. Rare.

498. *Harcourt* (*Henri de Lorraine, Comte d'*), d'après Mignard. In-fol. Pièce connue sous le nom du Cadet à la Perle.

Superbe et rare épreuve du 2e état : avant le chiffre 4 dans la marge du côté gauche. Marge.

499. La même estampe.

Très belle épreuve avant le trait échappé.

500. *Louis XIV*. Buste fort comme nature, d'après Ch. Lebrun (44).

Très belle épreuve.

501. *Nostre* (*André Le*), contrôleur général des Bâtiments de Sa Majesté, d'après C. Maratte (55). In-fol.

Très belle épreuve du 1er état : avant toutes lettres, manque de fraîcheur.

502. *Turgot de Saint-Clair* (*Ant.*), maître des Requêtes, 1668 (66).
Superbe épreuve.

503. *Madame Helyot.* — *Guy Patin.* — *Lefèvre d'Ormesson.* 4 portraits in-8 et in-fol.
Très belles épreuves.

MATHAM (J.).

504. *Sully* (*Maximilien de Béthune*, *Duc de*), d'après Du Boys (B. 25). In-fol.
Très belle épreuve.

MÉDICIS (Marie de).

505. Buste de Jeune femme (R. D. Tome V, page 66).
Très belle épreuve d'une gravure sur bois fort rare.

MERCURY (P.).

506. Madame de Maintenon, d'après l'émail de Petitot.
Belle épreuve avant toutes lettres.

507. Portrait de Meissonier. In-18.
Quatre épreuves avant toutes lettres, sur chine.

508. Sainte Amélie, reine de Hongrie, d'après P. Delaroche.
Très rare épreuve d'essai où le fond seul est gravé; la sainte et ses deux compagnes indiquées seulement au trait.

509. La même estampe.
Superbe épreuve avant toutes lettres, sur chine, avec les noms à la pointe.

510. La même estampe.
Très belle épreuve du même état.

511. La même estampe.
Très belle épreuve avec la lettre.

512. Les Moissonneurs dans les marais pontins, d'après Léopold Robert.
Superbe épreuve d'essai, non entièrement terminée.

513. La même estampe.
Superbe épreuve avant toutes lettres, dite d'artiste.

514. Jane Gray, d'après P. Delaroche.
Très belle épreuve, sur chine.

MOREAU (J.-M.).

515. *Pineau (D.)*, d'après Mérelle (9). In-8.

Superbe épreuve du 2e état : avant la lettre et avant la ponctuation sur la tablette. Rare.

MOREAU (D'après J.-M.).

516. *Guillotin* (I.-J.), par B. L. Prévost. In-8.

Très belle épreuve avec marge.

517. Les Délices de la Maternité, par Helman.

Belle épreuve. Encadrée.

518. La Dame du Palais de la Reine, par P. A. Martini.

Très belle épreuve avec les lettres A. P. D. R. Remargée et encadrée.

MORELAND (D'après).

519. *The effects of youthful extravagance & idleness. — The fruits of early industry & œconomy.* Deux pièces faisant pendants, gravées à la manière noire par Ward.

Superbes épreuves.

MORGHEN (Raphael).

520. Portrait de Raphaël, d'après lui-même.

Superbe épreuve lettres grises. Toute marge.

521. La Fornarina, d'après Raphaël.

Superbe épreuve lettres grises. Toute marge.

522. Raphaël. — La Fornarina. 4 épreuves. Ensemble 5 pièces.

Belles épreuves.

523. Portrait de Jeanne d'Aragon, d'après Raphaël.

Superbe épreuve avant toutes lettres.

524. Dante Alighieri, d'après S. Tofanelli.

Deux superbes épreuves, dont l'une est avant la lettre et l'autre lettres grises. Toutes marges.

525. Pétrarque, d'après Tofanelli.

Superbe épreuve avant la lettre.

526. Francesco Petrarca, d'après St. Tofanelli.
Superbe épreuve lettres grises. Toute marge.

527. Dante. — Benvenuto Cellini. — Béatrice Volpato. — Grand-Duc et Grand-Duchesse de Toscane. — La Mère de Morghen. — Ariane Pessuti. 8 portraits.
Très belles épreuves.

528. Lorenzo de Medici, d'après G. Vasari. — Portraits d'hommes. 2 pièces.
Très belles épreuves avant la lettre et lettres grises. Toutes marges.

529. François de Moncade, d'après Ant. Van Dyck.
Superbe épreuve lettres grises.

530. La Vierge, L'Enfant-Jésus et Sainte Catherine, d'après Girgenti.
Très belle épreuve avant la lettre. Toute marge.

531. Vierge de douleur, d'après Sasso Ferrato.
Deux épreuves avant la lettre avec toutes leurs marges, plus 2 épreuves de l'état de la planche biffée par Morghen à sa mort. Ensemble 4 pièces.

532. La Madeleine en prière, d'après Murillo.
Très belle épreuve avant la lettre.

533. La Vierge au Sac, d'après André del Sarto.
Très belle épreuve lettres grises.

534. Une Sainte, d'après Carlo Dolci.
Très belle épreuve avant la lettre. Toute marge.

535. Flore, d'après C. Dolci.
Deux superbes épreuves avant la lettre, une est avant les armes.

536. La Danse des Muses. — Le Repos en Égypte. Deux pièces, faisant pendants, gravées d'après N. Poussin.
Superbes épreuves lettres grises.

537. Les mêmes estampes.
Belles épreuves.

538. Parce somnum Rumpere, d'après le Titien.
Superbe et très rare épreuve avant toutes lettres. Grande marge.

539. La même estampe.
Très belle épreuve.

540. La Cène, d'après L. de Vinci.

Très belle épreuve avant la virgule.

541. La même estampe.

Belle épreuve.

542. La Théologie, d'après Raphaël.

Très belle épreuve avant toutes lettres.

543. Poésie. — Théologie. Deux pièces d'après Raphaël.

Anciennes et très belles épreuves.

544. La Jurisprudence, d'après Raphaël.

Deux belles épreuves.

545. La Transfiguration, d'après Raphaël.

Superbe épreuve, lettres grises. Toute marge.

546. La même estampe.

Très belle épreuve du même état.

547. La même estampe.

Très belle épreuve de souscription.

MORGHEN ET VOLPAT (O.).

548. La Messe de Bolscène. — La Prison de saint Pierre, d'après Raphaël. Deux pièces.

Très belles épreuves avant la lettre.

MORIN (J.).

549. Son œuvre comprenant 64 pièces qui se divisent ainsi :

SUJETS RELIGIEUX : Sainte Julienne (11). — La sainte Vierge (14). — La Vierge adorant (15). — Vierge de douleur (17). — La sainte Vierge (19). — Jésus-Christ (25). — Saint Pierre (27). — Saint Paul (28). — L'Assomption (29). — Le grand saint Bernard (33). — Groupes de deux anges (37 et 38). — Tête de mort (39). 13 pièces.

PORTRAITS : Anne d'Autriche (40). — Arnaud d'Andilly (42). — Cardinal Bentivoglio (43). — Berthier (44). — Saint Charles Borromée (45 et 46). — Brachet de la Milletière (48). — De Choiseul du Plessis-Praslin (50). — Chrystin (51). — Francque (52). — Marquis de Gesvres (53). — Cardinal de Retz (54). — Comtesse de

Bossu (55 et 56). — Duc de Guise (67). — Comte d'Harcourt (58). — Henri II (59). — Henri IV (60). — Jansenius (61). — Mlle Lemon (62). — Louis XI (63). — Président de Maisons (65). — M. de Marillac (66). — P. Maugis (67). — Cardinal Mazarin (68). — N. de Netz (70). — Philippe II (70). — Saint François de Sales (73). — Omer Talon (74). — Tarisse (75). — M. Le Tellier (76). — Aug. de Thou (77). — Christ. de Thou (78). — Duc d'Angoulême (81). — Du Verger de Hauranne (82 et 83). — Vignerod (85). — de Villemontée (86). — Villeroy (87). 39 pièces.

PAYSAGES : Nos. 95, 96, 97, 99, 100, 101, 102, 103, 104, 105, 106, 108. 12 pièces.

En plus se trouvent ajoutés :

Vingt paysages gravés par N. de Plate. — Montagne. — Sainte-Madeleine. — Le portrait de Olivier de Castellan et celui de François Ier, du même graveur. Les épreuves sont très belles et sont en très bon état.

Ensemble 87 pièces. En un vol. in-fol., veau plein. (*Rel. ancienne.*)

550. *Autriche* (Anne d'). Reine Régente de France, en costume de veuve, d'après Ph. de Champagne (R. D. 41). In-fol.

Très belle épreuve.

551. *Bentivoglio* (*Guido*) cardinal, d'après Ant. Van Dyck (43). In-fol.

Très belle épreuve.

552. *Borromée* (*Saint Charles*), d'après Ph. de Champagne (45). In-fol.

Très belle épreuve avec une grande marge.

553. *Gondy* (*J.-F. Paul de*), Coadjuteur de Paris, d'après Ph. de Champagne (54). In-fol.

Très belle épreuve.

554. *Grimberghe* (*Honorine*), Comtesse de Bossu, jeune et âgée (55 et 56). 2 portraits in-fol.

Très belles épreuves.

555. *Henri II*, Roi de France, d'après Janet (59). In-fol.

Très belle épreuve.

556. *Vitré* (Antoine), imprimeur, d'après Ph. de Champagne (88). In-fol.

Très belle épreuve.

557. *Louis XI.* — *Henri IV.* — *Louis XIII.* 3 portraits in-fol.
Très belles épreuves.

558. *Duverger de Hauranne*, 2 portraits différents. — *J.-B. Vignerod*, abbé de *Richelieu*. — *F. de Villemontée*. 4 portraits in-fol.
Très belles épreuves.

559. *Cardinal Bentivoglio.* — *Chrystin.* — *Comtesse de Bossu jeune.* — *Gilbert de Choiseul.* 4 portraits in-fol.
Très belles épreuves.

560. *Chrystin.* — *Henri de Guise.* — *Comte d'Harcourt.* — *René de Longueil.* — *Nicolas de Netz.* 5 portraits in-fol.
Très belles épreuves.

561. *Arnauld d'Andilly.* — *Chrystin.* — *Saint François de Sales.* — *François Ier.* 5 portraits in-fol. dont un double.
Très belles épreuves.

562. *Jansénius.* — *Marguerite Lemon.* — *René de Longueil.* — *N. de Netz.* — *Jacques Mercier.* 5 portraits in-fol.
Très belles épreuves.

563. *Marquis de Gesvres.* — *Jacques Tubœuf.* — *Duverger de Hauranne.* — *Philippe II.* — *F. de Villemontée.* 5 portraits in-fol.
Très belles épreuves.

564. *Thou (Christophe de).* — *Thou (Jacques-Auguste de).* — *De Villemontée.* 3 portraits in-fol.
Très belles épreuves.

MOZYN (M.).

565. Le Triomphe de Tromp. Pièce allégorique avec une légende en hollandais.
Très belle épreuve.

MULLER (J.-G.).

566. *Le Brun (Lse Eth Vigée, Mme)*, d'après elle-même. In-fol.
Très belle épreuve.

567. Portrait de Henri IV, d'après Girard, dans un encadrement dessiné par Percier.
2 très belles épreuves dont l'une est avant toutes lettres.

MULLER (F.).

568. La Madonna di San Sisto, d'après Raphaël.

Très belle épreuve avant la dernière retouche.

569. La même estampe.

Très belle épreuve du même état, tachée.

NANTEUIL (R.).

570. *Amelot (Michel)*, archevêque de Tours. Buste fort comme nature (R. D. 21).

Superbe épreuve.

571. *Autriche (Anne d')*, reine de France. Buste fort comme nature (23). Gr. in-fol.

Belle épreuve.

572. *Michel Amelot* (20). — *Bochart de Saron.* — *Boileau (G.).* 3 portraits in-fol.

Belles épreuves.

573. *Beaufort (F. de Vendôme, duc de)*, d'après Nocret (33). In-fol.

Belle épreuve.

574. *Bellievre (Pomponne de)*, premier Président au Parlement de Paris (37). In-fol.

Belle épreuve.

575. *Bosquet (F.)*, évêque de Montpellier (44). In-fol.

Très belle épreuve.

576. *Bouillon (E.-T. de la Tour d'Auvergne, cardinal de)*. Buste fort comme nature (53).

Superbe épreuve du 1er état.

577. *Bouthilier (Victor Le)*, archevêque de Tours (56). In-fol.

Très belle épreuve,

578. *Castelnau (Jacques, Mis de)*, maréchal de France (58).

Superbe épreuve.

579. *Chapelain (J.)*, membre de l'Académie française, 1655 (60). Petit in-fol.

Superbe épreuve du 1er état : avant les arbrisseaux sur les montagnes du médaillon emblématique.

580. *Colbert* (J.-B.), contrôleur général des Finances (71). In-fol.

Très belle épreuve du 3e état : avant que l'inscription dans la bordure ait été changée.

581. *De Sève* (A.), prévost des marchands, 1662 (82). In-fol.

Très belle épreuve.

582. *Dunois* (J.-L.-Ch. d'Orléans-Longueville, comte de), d'après Ferdinand (86). In-fol.

583. *Dupuy* (Les deux frères Pierre et Jacques), sur la même planche (89).

Superbe épreuve du 1er état.

584. *Maréchal de Castelnau* (58). — *Cardinal de Coislin* (69). — *N. Colbert* (72). — *Basile Fouquet* (97). 4 portraits, in-fol.

Belles épreuves.

585. *Harlay de Chanvallon* (F. de), archevêque de Paris. Buste demi-nature (107). In-fol.

Très belle épreuve.

586. *Harlay de Chanvallon* (F. de), archevêque de Paris. Buste fort comme nature (108).

Très belle épreuve.

587. *J. Fronteau* (99). — *Mme Gillier* (102). — *L. Hesselin* (110). — Duc de *Brunswick* (111). 6 portraits in-fol.

Très belles épreuves.

588. *Juan d'Autriche* (Don), fils naturel de Philippe IV (114). Petit in-fol.

Très belle épreuve. Rare.

589. *G. de Lamoignon* (119). — *Le même personnage* (120). — *N. le Boultz* (124). — *Michel Le Tellier,* buste fort comme nature (137). 4 portraits in-fol.

Belles épreuves.

590. *Ch. Maurice Le Tellier* (141). — *Le même personnage* (142). 2 bustes in-fol., forts comme nature.

Belles épreuves.

591. *Le Vayer* (F. de La Motte), conseiller d'État, 1661 (143). Petit in-fol.

Très belle épreuve.

592. *Loret* (Jean), Poëte (150). In-4.

Très belle épreuve du 2e état : avant la virgule après le mot Loret. Rare.

592 *bis*. La même estampe.

Très belle épreuve.

593. *Louis XIV*, roi de France, d'après P. Mignard, 1661 (152). In-fol. en largeur.

Très belle épreuve du 1er état : avant que le point qui suit l'année soit suivi d'un crochet. Rare.

594. *Louis XIV*. Buste à peu près fort comme nature (158). In-fol.

Très belle épreuve.

595. Louis XIV, dit aux pattes de lion. Buste fort comme nature (161).

Très belle épreuve. A été pliée.

596. *Savoie* (Mie-Jne de Savoie-Nemours, duchesse de), 1678. (169). In-fol.

Très belle épreuve du 1er état, avant les mots : *pendant la minorité de son fils*. Rare.

597. *Louise-Marie*, Reine de Pologne (164). — *Mallier du Houssay* (167). — *Abbé de Marolles* (171). — *J. de Maupou* (173). — *Duc de Mercœur* (189). 5 portraits in-4 et in-fol.

Belles épreuves.

598. *Mazarin* (Jules), 3 portraits différents (174, 175 et 177).

Belles épreuves.

599. *Mazarin* (Jules), cardinal et ministre d'État, d'après Mignard (187). In-fol.

Très belle épreuve du 1er état.

600. *Mesmes* (I. Antoine de), président à Mortier au Parlement de Paris (192). In-fol.

Deux très belles épreuves du 1er et du 2e état.

601. *Mathieu Molé*. — *Jean de Montpezat*. — *Lefèvre d'Ormesson* (209). — *Duc de Nemours* (199). 4 portraits in-fol.

Belles épreuves.

602. *Nemours* (Anne-Marie-d'Orléans-Longueville, duchesse de), d'après Beaubrun (200). In-8.

Belle épreuve.

603. *Hardouin de Peréfixe*, 1er état (211). — *Le même personnage* (212). — *Le même personnage* (213). 3 portraits.

Très belles épreuves.

604. *Peréfixe de Beaumont* (Hardouin de), Archevêque de Paris. Buste fort comme nature (214).

Superbe épreuve du 1er état.

605. *F. de Nesmond* (202). — *Hardouin de Peréfixe*, 2 épreuves (213). — *Regnaudin de Bereu* (216). — *P. Séguier* (223). 5 portraits in-fol.

Belles épreuves.

606. *Séguier* (P.), Chancelier de France (222).

Très belle épreuve, un peu rognée dans la partie inférieure.

607. *Steenberghen* (J.-B. van), conseiller du Roi au conseil de Flandre, d'après Duchastel (226). In-fol.

Superbe épreuve du 1er état: avant que le nom de Duchastel soit précédé des abréviations, *Nob. D. F.*

608. *F. Servien*, 2 épreuves (225). — *Denis Talon*, 2 épreuves (228). — *Cl. Thevenin* (231). — *J. Le Camus* (Ap. 4). 6 portraits in-fol.

Belles épreuves.

NATTIER (D'après).

609. *Châteauroux* (Madame de) sous la figure allégorique de la Force. Gravé par Baléchou.

Superbe et très rare épreuve avant la lettre.

NEYTS (G.).

610. Le Jeune Tobie (B. 4).

Très belle épreuve. Petite marge.

611. Le Petit Pont (4).

Très belle épreuve. Marge.

612. Le Cavalier (6).

Très belle épreuve. Petite marge.

613. L'Homme et son chien (8).

Très belle épreuve.

NIELLE.

614. Arabesques symétriques, avec deux trophées et deux boucliers à tête de Méduse par Péregrini (Duch. 370. Dut. 706).

Belle épreuve. Excessivement rare.

NOLIN (A Paris, chez).

615. *Philippe d'Orléans,* Duc de Chartres, fils de Monsieur, frère unique du Roy, en pied. Petit in-fol.

Très belle épreuve. Rare.

OSTADE (Ad. Van).

616. Paysan joyeux (Dut. 1).

Très belle épreuve avant les initiales du Maître et avant la bordure. Marge.

617. Le Vielleur (8).

Superbe épreuve du 1er état : avant les contre-tailles très espacées que l'on aperçoit sous la main qui tourne la manivelle ; la bordure est fine. Petite marge.

618. L'Homme et la Femme causant ensemble (12).

Deux très belles épreuves, dont une est à la bordure fine.

619. Le Coup de couteau (18).

Très belle épreuve du 4e état : avant de nombreux travaux. Petite marge.

620. La Grange (23).

Très belle épreuve du 2e état : avant beaucoup de travaux, avec la tache sur le dos de la femme très apparente et avec la bordure fine.

621. La même estampe.

Très belle épreuve du 3e état : la bordure est toujours fine.

622. Le Rémouleur (36).

Très belle épreuve du 1er état : la bordure est fine.

623. L'Homme conversant avec la femme (37).

Très belle épreuve du 2e état : la bordure est fine, mais le contour du mollet de la jambe droite de l'homme et celui de son chapeau sont indiqués. Petite marge.

624. Le Tric-Trac (39).

Superbe épreuve du 2e état : avant beaucoup de travaux.

625. Le Bénédicité (34). — Le Tric-trac (39). — Paysant payant son écot (42). 3 pièces.

Anciennes et belles épreuves.

626. Le Charcutier (41).

Très belle épreuve du 4e état : avant beaucoup de travaux.

627. Le Joueur de violon bossu (44).

Très belle épreuve du 2e état : avant beaucoup de travaux et avant que le contour du panier se détache de la porte de la cave.

628. Le Joueur de violon bossu (44). — Le Violon et le Petit Vielleur (45). 2 pièces.

Très belles épreuves.

PANNIER (J.-E.).

629. Portrait du Duc de Nemours en pied, d'après Winterhalter. In-fol.

3 belles épreuves avant toutes lettres.

630. Le Tintoret. — Rembrandt. — Le Poussin. — Ph. de Champagne. — Raphaël. — Richelieu. — La Princesse Borghese. — Thiers, etc. 14 portraits in-4.

Très belles épreuves avant la lettre.

PARMESAN (F. MAZZUOLI, DIT LE).

631. Sujets de vierges. — Saints et saintes. — Sujets de l'histoire sacrée et de l'histoire profane. 20 pièces.

Très belles épreuves.

PASSE (C. DE).

632. *Anne*, reine de Pologne. In-4.

Très belle épreuve avec marge. Rare.

PENTCZ (G.).

633. La Prise de Carthage, d'après J. Romain (B. 86).

Très belle épreuve.

634. Médée et Jason (71). — Sophonisbe (82). — Arthemise (83). — Le Poète Virgile (87). 4 pièces.

Très belles épreuves.

PESNE (JEAN).

635. Portrait de Nicolas Poussin d'après lui-même (R. D. 5). In-fol.

Superbe épreuve du 2e état : avant toutes les corrections faites dans l'orthographe des inscriptions qui se lisent dans la marge inférieure et avant l'adresse de Le Blond.

636. L'Evanouissement d'Esther, d'après le Poussin (R. D. 14).

Superbe épreuve avant l'adresse de Vallet.

PERFETTI (A.).

637. Beatrice Cenci.

3 très belles épreuves avant toutes lettres. Toutes marges.

638. Sibylla Samia d'après le tableau du Guerchin.

Superbe épreuve avant la lettre. Toute marge.

639. La Présentation.

2 superbes épreuves avant toutes lettres, dites d'artistes. Toutes marges.

PLÉE (P.).

640. L'Adoration des bergers, d'après Ribeira.

Superbe épreuve avant la lettre, sur chine. Signée.

PICART (J.).

641. *Montespan* (J. Ath. de Rochechouart, Mse de). In-fol.

Très belle épreuve.

PIGEOT ET LACOUR.

642. Le Ménage hollandais, d'après G. Dow.

Très belle épreuve lettres grises, sur chine.

POILLY (F. DE).

643. *Bossuet.* — *Louis XIV.* — La Maréchale de *la Mothe-Houdancourt.* 3 portraits in-fol.
Très belles épreuves.

PONTIUS (P.).

644. *Rubens* (*P. P.*) d'après lui-même. In-fol.
Très belle épreuve avec marge.

645. *Jacques Roëlans.* — *Jacob Roëlans.* 2 portraits petit in-fol.
Très belles épreuves avant la lettre.

PORPORATI (C.-A.).

646. Le Coucher, d'après Vanloo.
Très belle épreuve avant toutes lettres.

647. La même estampe.
Très belle épreuve avec une grande marge.

648. Suzanne au bain, d'après Santerre.
Très belle épreuve avant la lettre.

649. Vénus caressant l'Amour, d'après P. Battoni.
Très belle épreuve avant la lettre. Tachée.

PORTRAITS.

650. Louis XVI. — Ant. Le Maistre. — L'abbé Bignon. — Gobinet. — R. de la Morlière. — N. Poussin, etc. 16 portraits in-4 et in-fol., par Nanteuil, Edelinck, Drevet et autres artistes.
Belles épreuves.

651. Le Duc Pasquier. — Le Comte Molé. — Le Duc de Morny. — La Reine Charlotte. 4 portraits grand in-fol., gravés par A. Martinet, Calamatta et Franck.
Superbes épreuves, trois sont avant la lettre.

652. Le Roi Louis-Philippe. — Le Roi Léopold. — La Duchesse d'Orléans, 2 épreuves. — Le Duc de Nemours. 5 portraits in-fol. en pied, gravés par H. Dupont, Ach. Lefèvre et autres artistes.
Très belles épreuves, trois sont avant la lettre.

653. M. Gatteaux. — W. de Nieuwerkerke. — Mlle Lenormand. 3 portraits in-fol., les deux premiers d'après Ingres.

Très belles épreuves.

POTTER (Paul).

654. Le Berger (B. 15).

Très belle épreuve avec l'adresse de Cl. de Jonghe.

PRADIER (C.-S.)

655. Jésus donnant à saint Pierre les clefs du Paradis, d'après le tableau de Ingres.

Superbe épreuve avant la lettre. Toute marge.

QUADO (M.).

656. *Bourbon (Henri de)* roi de Navarre, vu en buste dans une bordure ornementée, In-4.

Très belle épreuve.

RAAB.

657. La Vierge du Palais Tempi, d'après Raphaël.

Superbe épreuve avant toutes lettres, dite de remarque. Sur chine.

RABEL (J.).

658. *Odet de Coligny* (R. D., 47). — *Jeanne d'Albret* (60). — *Guy du Faur de Pibrac.* 3 portraits in-8.

Très belles épreuves. Rares.

659. Chasses à tir et à courre. Suite de 6 pièces éditées chez Mariette.

Très belles épreuves avec marges.

RAIMONDI (Marc Antoine).

660. Dieu ordonnant à Noé de bâtir l'Arche, d'après un dessin de Raphaël (B. 3).

Belle épreuve.

661. Joseph et la femme de Putiphar (9).

Superbe épreuve. Collection du Duc de Beucleugh.

662. Les Ancêtres délivrés des limbes (41), d'après Françia.

Très belle épreuve. Restaurée.

663. Le Massacre des Innocents, d'après un dessin de Raphaël, pièce dite au chicot (18).

Superbe épreuve. Restaurée.

664. Jésus chez Simon le Pharisien, d'après Raphaël (23).

Belle épreuve.

665. La Cène, d'après Raphaël (26).

Très belle épreuve. Collection Revil.

666. Jésus-Christ dans le tombeau, par A. Vénitien (36).

Très belle épreuve.

667. La Vierge assise sur des nues, d'après Raphaël (53). — La Vierge assise sur des nues (57). 2 pièces.

Belles épreuves, la première pièce a quelques légères restaurations.

668. Les Cinq Saints, d'après Raphaël (113).

Superbe épreuve, une légère déchirure de chaque côté, au milieu de l'estampe.

669. Sainte Cécile, d'après un dessin de Raphaël (116).

Superbe épreuve, dans un parfait état de conservation et ayant tout autour de la planche 22 millimètres de marge. Très rare de cette qualité.

670. Saint Pierre (125). — Saint Jean (128). — Le Jeune et vieux bacchant (294). 3 pièces.

Belles épreuves.

671. Danse d'Amours, d'après un dessin de Raphaël (217). — La Vendange (206). 2 pièces.

Très belle épreuve d'anciennes copies.

672. Deux faunes portant un enfant (230).

Superbe épreuve.

673. Le Jugement de Pâris, d'après Raphaël (246).

Très belle épreuve de la copie de Marc de Ravenne.

674. Le Parnasse, d'après Raphaël (247).

Très belle épreuve, le coin du haut, à droite, est rapporté.

675. Les Trois Grâces (340). — Le Bâton courbé (369). 2 pièces.
Belles épreuves.

676. Trajan entre la ville de Rome et la Victoire (361).
Très belle épreuve. Restaurée.

677. Les deux femmes au Zodiaque, d'après Raphaël (397).
Très belle épreuve.

678. L'homme endormi à l'entrée d'un bois (438).
Très belle épreuve.

679. L'homme portant la base d'une colonne (476).
Très belle épreuve.

REMBRANDT (VAN RIJN).

680. Rembrandt aux trois moustaches (B. 2).
Belle épreuve.

681. Rembrandt au bonnet rond et fourré (16).
Belle épreuve.

682. Rembrandt appuyé (21).
Très belle épreuve, rognée de 19 millimètres dans la partie supérieure de l'estampe.

683. Rembrandt dessinant (22).
Très belle épreuve tirée avant les travaux sur le dos du livre.

684. Rembrandt au bonnet fourré et à l'habit blanc (24).
Belle épreuve.

685. Le Sacrifice d'Abraham (35).
Très belle épreuve remplie de barbes.

686. La même estampe.
Très belle épreuve.

687. Joseph racontant ses songes (37).
Très belle épreuve du 2e état : le visage et le turban du frère de Joseph, debout derrière lui, sont blancs.

688. Le Triomphe de Mardochée (40).
Très belle épreuve remplie de barbes.

689. La même estampe.
Très belle épreuve.

690. L'Annonciation aux bergers (44).
Superbe épreuve chargée de manière noire. Collections Dayton et J. Barnard.

691. La même estampe.

Très belle épreuve.

692. La même estampe.

Belle épreuve avec une grande marge.

693. Triomphe de Mardochée (49).

Superbe épreuve remplie de barbes, tachée. Collection Samuel Festetis.

694. La même estampe.

Très belle épreuve. Collections Debois et Dreux.

695. Présentation au Temple (51). — La Vierge et l'Enfant Jésus sur les nuages (61). 2 pièces.

Belles épreuves.

696. Jésus disputant avec les Docteurs de la Loi (65).

Très belle épreuve.

697. Jésus prêchant ou la petite tombe (67).

Très belle épreuve, l'homme coiffé d'un turban, debout sur le devant à gauche, a le bras droit et une partie du manteau très poussés au noir.

698. La Samaritaine (dite aux ruines) (71).

Très belle épreuve du 1er état : avec les deux lignes parallèles du haut très apparentes.

699. La Petite Résurrection de Lazare (74).

Belle épreuve.

700. Jésus guérissant les malades, pièce dite aux cent florins) (74).

Très belle épreuve, sur japon, de la retouche du capitaine Baillie. Grande marge.

701. Jésus-Christ en croix (80).

Belle épreuve avec marge.

702. Descente de Croix (dite au flambeau) (83).

Très belle épreuve.

703. La même estampe.

Très belle épreuve.

704. La Grande Descente de Croix (88).

Superbe épreuve du 2e état : avant l'adresse de *Heudrikus Vlenburgensis.*

705. Le Bon Samaritain (90).

Superbe épreuve du 1er état : la queue du cheval est blanche et le mur que l'on voit au-dessus est clair; la marge inférieure manque.

706. Saint Pierre et saint Jean à la porte du Temple (97).

Superbe et très rare épreuve du 2e état : avant beaucoup de travaux, notamment avant que l'ombre qui se trouve sur l'arcade, au haut, à gauche, ait été prolongée; elle est sur papier du Japon.

707. La même estampe.

Belle épreuve.

708. Le Baptême de l'Eunuque (98).

Belle épreuve.

709. Saint Jérôme lisant au pied d'un arbre (100).

Très belle épreuve.

710. La même estampe.

Belle épreuve.

711. Saint Jérôme dans le goût de Durer (104).

Très belle épreuve avec barbes.

712. Saint François à genoux (107).

Belle épreuve.

713. Médée ou le Mariage de Jason et Créuse (113).

Très belle épreuve tirée avant que les vers dans la marge inférieure aient été enlevés.

714. La même estampe.

Très belle épreuve du même état.

715. Chasse aux lions (116).

Très belle épreuve.

716. Le Petit Orfèvre (123).

Très belle épreuve.

717. La Coupeuse d'ongles (127).

Belle épreuve.

718. Homme méditant (148).

Très belle épreuve.

719. Le Persan (152).

Très belle épreuve, le coin du haut, à gauche, a été rapporté.

720. Le Cochon (157).

Très belle épreuve.

721. Figure d'un Vieillard à courte barbe (151). — Gueux assis au bas d'un mur (173). 2 pièces.

Très belles épreuves.

722. Trois Mendiants à la porte d'une maison (176).

Belle épreuve.

723. Le Pisseur (190).

Très belle épreuve. Coll^on Schloesser.

724. Les Baigneurs (194).

Très belle épreuve remplie de barbes.

725. Femme nue assise sur une butte (198).

Très belle épreuve.

726. Le Petit Orfèvre (123). Homme à cheval (139). Vieillard à grande barbe (290). 3 pièces.

Belles épreuves.

727. Femme nue les pieds dans l'eau (200).

Très belle épreuve.

728. Antiope et Jupiter (203).

Superbe épreuve du 1er état, sur papier du Japon. Petite marge

729. Femme nue dormant (204).

Belle épreuve.

730. La Vue d'Omval (209).

Très belle épreuve chargée de manière noire. Collection Bohm.

731. L'Homme au Lait (213).

Très belle épreuve sur papier du Japon. Collection J. Barnard.

732. Le Paysage au dessinateur (216).

Superbe épreuve avec une petite marge.

733. La même estampe.

Très belle épreuve.

734. Le Paysage à la Tour carrée (218).

Très belle épreuve avec les salissures de la planche très apparentes.

735. Le Berger et sa famille (220).

Très belle épreuve.

736. La Chaumière et la grange à foin (225).

Superbe épreuve remplie de barbes.

737. La Chaumière au grand arbre (226).

Très belle épreuve.

738. L'Obélisque (227).

Très belle épreuve avec une petite marge.

739. La même estampe.

Belle épreuve avec marge.

740. La Barque à la voile (228).

Très belle épreuve.

741. La même estampe.

Belle épreuve avec marge.

742. Le Moulin de Rembrandt (230).

Très belle épreuve.

743. L'Abreuvoir (231).

Très belle épreuve.

744. Vieillard à grande barbe et bonnet fourré (262).

Très belle épreuve. Collections Gavet et Bohm.

745. Janus Sylvius, ministre protestant à Amsterdam (266).

Très belle épreuve.

746. Jeune Homme assis et réfléchissant (268).

Très belle épreuve avec marge. Collections Bohm et Arozarena.

747. Renier Ansloo, ministre anabaptiste (271).

Superbe épreuve du 2e état : avant que le bas de la table ait été diminué et avant les sept traits perpendiculaires que l'on voit au haut, à droite, près de la bordure. Très rare.

748. La même estampe.

Bonne épreuve. Marge.

749. Clément de Jonghe (272).

Très belle épreuve.

750. Abraham France (273).

Superbe épreuve tirée avant que l'ombre que projette le personnage, ainsi que le fond, au-dessus du triptyque, aient été grattés; petite marge. Très rare de cette qualité. Colon du comte de Fries.

751. Jean Lutma (76).

Superbe épreuve du 1er état : avant la fenêtre ; elle est remplie de barbes et a une petite marge. Très rare de cette qualité.

752. La même estampe.

Belle épreuve.

753. Jean Asselyn (277).

Très belle épreuve. Collection Arozarena.

754. Uytenbogaert, dit le Peseur d'or (281).

Superbe épreuve sur papier du Japon du 2e état : avant les grandes tailles perpendiculaires que l'on voit dans l'état suivant entre les jambes du jeune garçon agenouillé. Très rare de cette qualité.

755. Le Bourgmestre Six (287).

Bonne épreuve.

756. Vieillard à tête chauve (296). — Mauresse blanche (357). 2 pièces.

Belles épreuves.

757. Philosophe avec un sablier (318). Pièce gravée sur bois.

Très belle épreuve avec la barbe du personnage, blanche, et avec les six petits traits sur la tête de mort très apparents. Très rare.

758. Jeune Homme au bonnet orné d'une plume (331). Planche rejetée et donnée à Renesse.

Très belle épreuve légèrement rognée sur les côtés.

759. La Grande Mariée juive (340).

Belle épreuve.

REYNOLDS (D'après sir J.).

760. *Gloucester* (*Maria Duchesse* de), gravé à la manière noire, par J. Finlayson.

Superbe épreuve avant la lettre. Très grande marge.

RIBERA (J.).

761. Saint Jérôme (B. 4).

Superbe épreuve.

762. Saint Pierre (J.). — Le Poète (10). 2 pièces.

Très belles épreuves.

763. Saint Jérôme lisant (3). — Saint Jérôme. 2 épr. (4). — Saint Pierre (7). — Repos en Égypte. 5 pièces.
Très belles épreuves.

RICHOMME (J.-B.).

764. Adam et Ève, d'après la fresque de Raphaël.
Superbe épreuve lettres grises.

765. Adam et Ève, 3 épreuves. — Neptumne et Amphitrite. Ensemble 4 pièces.
Très belles épreuves.

766. Triomphe de Galathée, d'après Raphaël.
Très belle épreuve lettres grises.

767. La même estampe.
6 très belles épreuves dont cinq ont le cachet de Richomme.

768. Triomphe de Galathée. — Thetis portant l'armure d'Achille. 2 pièces faisant pendants.
Anciennes et très belles épreuves avec le cachet.

769. La Vierge de Lorette, d'après le tableau de Raphaël.
Superbe épreuve lettres grises. Toute marge.

770. La même estampe.
Très belle épreuve du même état.

771. La même estampe.
2 très belles épreuves avant la lettre.

772. La Sainte Famille, d'après le tableau de Raphaël.
Très belle épreuve avant la lettre. Toute marge.

773. Les Cinq Saints, d'après le tableau de Raphaël.
Superbe épreuve avant toutes lettres, dite d'artiste.

774. Portrait de Marc-Antoine, d'après Raphaël.
3 très belles épreuves sur chine.

RODERMONT.

775. Portrait de Jean Second (D. 2).
2 épreuves, dont une superbe est du 1er état : avant le nom de Rodermont dans l'estampe.

ROOS (J.-H.).

776. La Bergère (B. 31).

Très belle épreuve du 1er état : les angles de la planche sont arrondis. Marge.

ROTA (M.).

777. Le Jugement dernier, d'après Michel-Ange (B. 28).

Très belle épreuve du 1er état : avant que l'adresse de Lucae Guarinony ait été remplacée par une tablette blanche.

ROTA (M.) ET AUTRES.

778. *Andréas Gaill. — Oct. de Strada. — Jacob. Duym. — François de Médicis*, etc. 5 portraits in-8 et in-4.

Très belles épreuves.

RUBENS (P.-P.).

779. Sainte Catherine. Eau-forte originale du maître.

Très belle épreuve, grande marge.

RUBENS (D'après P.-P.).

780. Le Mariage de la Vierge, par S.-A. Bolswert.

Superbe épreuve du 1er état : avant toutes lettres.

781. L'Adoration des Rois, par H. Witdouc.

Superbe épreuve du 1er état : avant toutes lettres.

782. Paysage avec de grandes ruines, par S.-A. Bolswert.

Superbe épreuve avant toutes lettres.

783. Vierge et Enfant Jésus. — Christ en croix, d'après V. Dyck. 2 pièces gravées par S.-A. Bolswert et Pet. Clouet.

Très belles épreuves.

RUISDAEL (J.).

784. Le Petit Pont (B. 1). — Les Deux Paysans et leur chien (2). — La Chaumière au haut d'une colline. 3 pièces.

Belles épreuves.

SAINT-AUBIN (G. DE).

785. Vignette pour la tragédie de *Tancrède* (P. de B. 35[2]).

Très belle épreuve.

SAINT-AUBIN (D'après G. DE).

786. La Guinguette. Divertissement pantomime du Théâtre Italien, gravé par F. Basan.

Très belle épreuve.

SAINT-AUBIN (A.).

787. A^drienne^ S^ophie^ Marquise de (Mme de Breteuil.) — L^ouise^ E^milie^, Baronne de *** (Mme de Saint-Aubin). 2 portraits faisant pendants (E. B. 7 et 173).

Superbes épreuves avant les adresses, grandes marges. Excessivement rares en aussi belle qualité.

788. *Moreau* (J.-M.) le Jeune, d'après N. Cochin (194). In-8.

Très belle épreuve avec une grande marge.

789. Comptez sur mes serments (407).

Belle épreuve avec l'adresse de Berthet.

SAVART (E.).

790. *Livry* (N. de), d'après L. Tocqué (22), in-8.

Très belle épreuve tirée avant que le bas-relief ait disparu pour être remplacé par une tablette où sont inscrits les noms du personnage.

791. *Louis XVI. — N. de Livry. — Torquato Tasso. — Bayard.* 4 portraits in-8.

Très belles épreuves, la dernière pièce gravée par de Marcenay est avant la lettre.

SCHIAVONI (N.).

792. L'Assomption de la Vierge, d'après le tableau du Titien.

Superbe épreuve avant toutes lettres et avant les armes, dite d'artiste. Toute marge.

793. La même estampe.
Superbe épreuve avant toutes lettres mais avec les armes. Toute marge.

794. La même estampe.
Très belle épreuve lettres grises.

795. La même estampe.
Très belle épreuve avec la lettre.

SCHMIDT (G.-F.).

796. *Borck* (F.-W.), d'après Ant. Pesne, 1732 (J. 86). In-folio.
Superbe épreuve.

797. *Esterhasi* (Nicolas), prince du saint Empire Romain, d'après L. Tocqué, 1758 (78). In-folio.
3 épreuves, dont deux sont avant le burin.

798. *La Tour* (Maurice Quentin de) à une fenêtre, d'après lui-même (50). In-folio.
Très belle épreuve avec marge.

799. *Scarlati*, prince de Moldavie (39). Petit in-folio.
Superbe épreuve. Rare.

800. *Bernoulli.* — *F. de Görne.* — *Tubieres de Caylus.* 3 portraits in-folio.
Très belles épreuves.

801. Vieillard habillé en persan (120).
Très belle épreuve avec marge.

802. Portrait d'une jeune femme (123).
4 belles épreuves.

803. Portrait d'un jeune seigneur (124).
Très belle épreuve.

804. Schmidt dessinant (134). — Mme Schmidt en buste.
Très belles épreuves.

805. La Mère de Rembrandt (153).
Très belle épreuve avec marge.

806. Le Philosophe dans sa grotte (166). — Saint Pierre après le reniement de son maître (170). 2 pièces faisant pendants.
Très belles épreuves, la première est avant la dédicace.

807. Tête de vieillard. — Buste d'homme. — Le Prince de Gueldre menaçant son père. — Le Docteur Lieberkuhn. — Le Prince d'Orange. — Paysans au cabaret. — Cinq têtes d'enfants. — La Présentation au Temple. — La sainte Vierge, l'Enfant Jésus et le Petit Saint Jean. — Costumes, etc. — 20 pièces.

Très belles épreuves.

SCHŒN (M.).

808. La Prise de Jésus-Christ (B. 10).

Superbe épreuve.

809. Le Portement de croix (21).

Belle épreuve, doublée et entièrement restaurée.

810. Saint Pierre (34).

Belle épreuve.

811. Saint Antoine (47).

Très belle épreuve, double du Cabinet de Berlin.

812. Le Meunier (89).

Copie à la plume.

SCHUPPEN (P.-L. VAN).

813. *Este* (Rainaud d'), cardinal. In-folio.

Superbe épreuve avec marge.

814. *Louis XIV*, roi de France, d'après C. Le Fébure, 1675. In-8.

Superbe épreuve avec marge. Rare.

815. *Louis XIV*, roi de France, d'après N. Mignard, 1661.

Très belle épreuve.

816. *Retz* (J. F. de Gondy, cardinal de), 1662. In-folio.

Superbe épreuve. Rare.

817. *Le Tellier* (Michel), chancelier et garde des sceaux. Buste fort comme nature, d'après Nanteuil, 1680. In-folio.

Très belle épreuve.

818. *J. Hindret. — P. de Marca. — Le Maistre de Sacy. — Saint Vincent de Paul.* 4 portraits in-8 et in-folio.

Très belles épreuves.

SIMON (P.).

819. *Montpensier* (Anne Mie-Lse d'Orléans, duchesse de). Buste fort comme nature.

Très belle épreuve.

SPIERRE (F.).

820. La Vierge tenant sur ses genoux l'Enfant Jésus, qui cesse de téter pour prendre des fruits que lui présente saint Pierre; d'après le tableau du Corrège.

Superbe et rare épreuve avant la lettre dans la banderole et avant la draperie sur l'enfant Jésus et sur le sein de la Vierge.

STANG (R.).

821. Le Mariage de la Vierge, d'après le tableau de Raphaël.

2 superbes épreuves avant toutes lettres sur chine.

822. Femme fellah, d'après Ch. Landelle.

Superbe épreuve avant la lettre, sur chine.

G. STEINLA ET J. FELSING.

823. La Madonna di San Sixto, d'après Raphaël.

Très belle épreuve avant la lettre, sur chine.

STEINLA, GLAESER ET AUTRES.

824. Die Madonna des Bürgermeisters. — Le Bon Pasteur. — Madonna mit dem Kinde. — Die heil Jungfrau. 4 pièces.

Très belles épreuves.

STOOP (D.).

825. Suite de différents sujets de figurines et de chevaux (B. 1, a 12). Suite de 12 pièces.

Très belles épreuves avant les numéros. Collections R. Dumesnil et Marshall.

826. Neuf pièces de la suite précédente.
Très belle épreuve avant les numéros.

827. La même suite.
Belles épreuves avec les numéros.

STRANGE (R.).

828. Charles Ier en manteau royal, d'après Van Dyck. In-fol.
Très belle épreuve, collée en plein.

829. Charles Ier, en pied, près de son cheval que tient un écuyer, d'après Van Dyck. In-fol.
Très belle épreuve avec toute sa marge.

830. La Mort de Cléopâtre, d'après Guido Reni.
Superbe épreuve avant toutes lettres. Grande marge.

831. Abraham renvoyant Agar, d'après Le Guerchin.
Superbe épreuve avant toutes lettres. Toute marge.

832. L'Enfant-Jésus dormant, d'après Ant. Van Dyck.
Superbe épreuve avant toutes lettres. Toute marge.

833. Prémices d'amour, d'après Guido Reni.
Superbe épreuve avant toutes lettres. Toute marge.

SUIDERHOEF (J.).

834. *Nuyts (David).* (H. 61.) In-fol.
Deux belles épreuves dont l'une est avec les inscriptions, rappelant les donations faites par le personnage, épreuve dite au Legs. Elle est remargée.

835. *Louis de Dieu. — Cl. Saumaise. — F. Spanheim. — Wikenburg.* 4 portraits in-fol.
Très belles épreuves

836. L'Assemblée des Plénipotentiaires ratifiant le traité de paix de Munster, d'après Terburg (103).
Très belle épreuve. Collection W. Esdaile.

837. La même estampe.
Très belle épreuve.

838. Les quatre Bourgmestres d'Amsterdam attendant l'arrivée de Marie de Médicis, d'après T. D. Kaiser (102).
Très belle épreuve. Marge.

839. Les Joueurs de Tric-trac (123). — Les Paysans sous la treille ou le grand balai (124). 2 pièces d'après Ad. Van Ostade.

Très belles épreuves, la dernière pièce est avant l'adresse de Cl. de Jonghe.

840. La Rixe, d'après A. Van Ostade (127).

Très belle épreuve avec l'adresse de Cl. de Jonghe.

SWEBACH-DESFONTAINES (D'après).

841. Serment fédératif du 14 juillet 1790, par Le Cœur.

Très belle épreuve imprimée en couleur.

TARDIEU (A.).

842. La Communion de saint Jérôme, d'après le tableau du Dominiquin.

Très belle épreuve avant la lettre.

TISSOT (J.).

843. L'Enfant prodigue. Suite de 4 pièces gravées à l'eau-forte. *The departure. — The foreign climes. — The return. — The fatted calf.*

Très belles épreuves. Encadrées.

TOSCHI (P.).

844. Son Portrait. — Le Duc de Cazes, d'après Gérard.

Très belles épreuves avant la lettre.

845. Lo Spasimo di Sicilia, d'après le tableau de Raphaël.

Très belle épreuve lettres grises.

846. La même estampe.

Très belle épreuve sur chine.

847. La Descente de croix, d'après le tableau de Daniel de Volterre.

Superbe épreuve avant toutes lettres, dite d'artiste. Toute marge.

848. La même estampe.

Superbe épreuve avant la lettre. Toute marge.

849. La même estampe.
Très belle épreuve lettres grises.

850. La Déposition du Christ.
Très belle épreuve avant toutes lettres.

851. Madonna della Scodella, d'après le tableau du Corrège.
Très belle épreuve lettres grises, sur chine remonté.

852. Madonna della Tenda, d'après le tableau de Raphaël.
Superbe épreuve avant toutes lettres, dite d'artiste. Toute marge.

853. La même estampe.
Très belle épreuve lettres grises. Toute marge.

854. La Vierge au Voile, d'après le tableau de Raphaël.
Superbe épreuve avant toutes lettres, sur chine. Toute marge.

855. Fresques de la Cathédrale de Parme, d'après le Corrège. 15 pièces, grandes et petites.
Superbes épreuves, avant toutes lettres, la plupart en épreuves dites de remarque.

TROUVAIN (A.).

856. *Le Petit (Denise Camusat, Mme)*, 1697, in-fol.
Très belle épreuve avant la lettre. Grande marge.

ULIET (VAN).

857. Buste d'un Oriental (Cl. 20). — Buste d'homme riant (21). Homme affligé (22). — Le Mathématicien (50). 4 pièces.
Superbes épreuves.

ULMER.

858. Sainte Cécile, d'après le tableau de Mignard.
Très belle épreuve lettres grises.

VALET (G.).

859. *Conti (Mlle A^ne^ de Bourbon*, Princesse Douairière de) représentée tenant à la main, dans un médaillon, le portrait de son mari. In-4.
Très belle épreuve. Rare.

VALLÉE (S.).

860. *Loyson* (Madame) sur un char en forme de conque traîné par une colombe, d'après J. de Troy. In-fol.

Très belle épreuve avec une grande marge.

VAN SOMPEL (P.).

861. *Claire-Eugénie*, Infante d'Espagne. — *Orléans* (*Mte Duchesse d'*). 2 portraits in-folio d'après Van Dyck.

Très belles épreuves avant les numéros.

VELDE (AD. VAN DE).

862. Différents animaux. Suite de dix pièces (B 1 à 10), dont nous ne possédons que neuf. Manque le premier morceau.

Anciennes et très belles épreuves.

863. Le Berger et la Bergère avec leur troupeau (17).

Très belle épreuve du 2e état : avant l'adresse de F. de Witt; une très légère restauration dans le ciel.

VIGNETTES.

864. Suite complète de 31 figures in-8, et un portrait d'après Moreau, pour les œuvres de Molière, édition Renouard.

Superbes épreuves avec toutes leurs marges.

865. Suite complète de 70 figures et 10 portraits en pied, de Desenne, pour les œuvres de Voltaire. *A Paris, chez Ménard et Desenne*, 1825.

Superbes épreuves avant la lettre, sur papier vélin, en livraisons.

866. La même suite.

Très bel exemplaire du même état et dans la même condition.

VISSHER (C.).

867. Le Marchant de mort aux rats (W. S. 43).

Superbe épreuve avant toutes lettres.

868. La Bohémienne (44).

Très belle épreuve avec l'adresse de Cl. de Jonghe. Marge.

869. Les Patineurs, d'après A. Van Ostade (79).
Superbe épreuve avant toutes lettres.

VISSHER (C. ET J.).

870. *Scriverius* (*P.*). — *Hulst* (*A. Van der*), vice-amiral. 2 portraits. In-fol.
Très belles épreuves.

VISSHER (J.).

871. Paysages d'après Berghem. Suite de 4 pièces.
Très belles épreuves.

VOLPATO (G.).

872. La Déposition du Christ, d'après Raphaël.
Très belle épreuve avant la lettre. Toute marge.

VOLPATO ET MORGHEN.

873. Les Stanzes du Vatican, d'après Raphaël. Suite de 8 pièces.
Belles épreuves, plus le trait explicatif de 5 de ces pièces.

VOSTERMAN, HONDIUS ET AUTRES.

874. Le *Connétable de Bourbon*. — *P. de La Serre*. — *Ch. Emmanuel*, *Duc de Savoie*, à cheval. — *Gaspard de Coligny*. 7 Portraits in-4 et in-fol.
Très belles épreuves.

WATTEAU (D'après ANT.).

875. Pierrot content. Pièce anonyme.
Très belle épreuve avant toutes lettres.

WATERLOO (ANT.).

876. Le Rocher percé. — L'Ermitage. — La Petite Cascade. — Le Petit Pont de bois tortueux. Suite de 4 pièces. (B. 3 à 6).
Très belles épreuves du 1er état.

877. Le Bélier, la Brebis et le Bouc (17). Cette pièce n'est pas de Waterloo, mais de Bernard Graat.

Superbe et 1re épreuve avant la lettre F au-dessous de l'arête de poisson. Très rare.

878. Le Paysan à la pelle (110). — La Paysanne et sa fille sur le petit pont de bois (114). — Les Chemins à travers le bois (115). — Le Berger endormi sur le monticule (118). 4 pièces.

Très belles épreuves, deux sont sur papier à la folie.

879. Le Petit Bossu (121). — Le Petit Pont (124). — Alphée et Aréthuse (125). — Pan et Syrinx (128). — La Mort d'Adonis (130). 5 pièces.

Très belles épreuves, deux sont sur papier à la folie.

880. Paysages ornés de sujets mythologiques. Suite de 6 pièces (125 à 130).

Anciennes et belles épreuves, quelques-unes manquent de conservation.

881. Le Départ d'Agar (131).

Très belle et très rare épreuve à l'eau-forte pure. Tachée d'huile.

882. Paysages. 39 pièces tirées de différentes suites.

Belles épreuves.

WEBER.

883. Portrait de Stehlin, bourgmestre de Bâle.

Deux très belles épreuves avant la lettre. Signées.

WIERIX (Les).

884. *Louis*, roi de Hongrie et de Bohême (Al. 1967).

Très belle épreuve.

885. *Médicis* (*Marie de*) Reine de France, in-4 (2979).

Très belle épreuve.

886. *Overschie*, en pied, navigateur et astronome hollandais (2000).

Très belle épreuve.

887. Le Pape *Grégoire XIV.* — *Henry de Bourbon*, roi de Navarre. — *Ign. Loyola.* — *Alexandre Farnese.* 4 portraits in-8.

Belles épreuves.

WILLE (J.-G.).

888. *Berrier* (*N.*), lieutenant général de la police, d'après De Lyon. In-fol.

Très belle épreuve avec marge.

889. *Erlach* (Jérôme von), général. In-fol.

Trés belle épreuve du 1er tirage : avec les inscriptions en langue allemande.

890. *Florentin* (L. Phelyppeaux, comte de saint), d'après L. Tocqué, 1749. In-fol.

Très belle épreuve avant le mot *ministre*, précédant dans l'inscription celui de secrétaire. Rare.

891. *Lowendal* (Woldemar de), maréchal de France, d'après De La Tour.

Superbe épreuve du 1er état : l'ovale seul. Excessivement rare.

892. *Marigny* (Abel. F. Poisson, Mis de). — *Florentin* (Comte de Saint-). 2 portraits in-fol., gravés d'après Tocqué.

Belles épreuves avec marges.

893. *Galles* (Charles, prince de). — *Saxe* (Maurice de). — *Louis XV.* 3 portraits in-fol., gravés d'après Tocqué et Rigaud.

Très belles épreuves.

894. *Prevost* (L'Abbé). — *Chycoineau.* — *Tencin* (Cardinal de). — *Briseux* (*E.-E.*). 4 portraits in-8 et in-4.

Très belles épreuves.

895. Agar renvoyée par Abraham, d'après Dietricy.

Superbe épreuve avant toutes lettres et avant les armes.

896. La Gazetière Hollandaise, d'après Metzu.

Très belle épreuve avant toutes lettres.

WOERIOT (P.).

897. Portrait de l'artiste (R. D. I).

Belle épreuve sur vélin?

WOLLETT (W.).

898. Jacob et Laban, d'après Cl. le Lorrain. Pièce connue sous le nom du Grand Pont.

Superbe épreuve avant la lettre.

899. La même estampe.

Très belle épreuve du même état.

900. La Bataille de la Hogue, d'après B. West.

Belle épreuve lettres grises. Remargée et restaurée.

ZAGEL (MARTIN).

901. La Décollation de Sainte Catherine (B. 8).

Très belle épreuve ayant subi quelques légères restaurations.

ZOAN (ANDRÉA).

902. Pièce allégoriqne (B. 17).

Très belle épreuve, quelques déchirures, plus une épreuve de la copie.

903. Panneaux, arabesques, entrelacés de figures. Suite de 12 pièces dont nous ne possédons que neuf (nos 21, 22, 23, 24, 25, 26, 27, 28 et 30).

Belles épreuves.

IMPRESSIONS EN NOMBRE

ALLAIS (J.-A.).

904. La Joconde, d'après L. de Vinci.

10 anciennes et belles épreuves.

BAKHUIZEN (L.).

905. Différentes marines. Suite de dix estampes, plus le titre et le portrait de Bakhuizen gravé à la manière noire. Ensemble 12 pièces.

40 exemplaires complets, les épreuves sont belles et ont toutes leurs marges.

CLAESSENS (L.-A.).

906. *Aspettare* E., d'après Coclers.

250 très belles épreuves avec toutes leurs marges.

907. *Amante inconstante*, d'après Coclers.

20 anciennes et très belles épreuves.

DESCLAUX (V.).

908. Les Moissonneurs dans les Marais Pontins, d'après L. Robert.

5 épreuves avant toutes lettres.
1 épreuve avant la lettre.
2 épreuves avec la lettre.

DECAMPS.

909. Le Petit Savoyard. Lithographie originale du maître.

37 épreuves.

LONGUEIL (R. DE).

910. Concert méchanique inventé par R. Richard, exposé à la Bibliothèque du Roi, 1795. Gravé d'après Ch. Eisen.

69 anciennes et belles épreuves, ayant toutes leurs marges.

FALCK (J.).

911. Portrait de Coppernic.

46 reproductions héliographiques.

GAILLARD (R.).

912. G.-F. Joly de Fleury, d'après Didier. In-fol.

8 épreuves avec toutes leurs marges.

GODEFROY (F.).

913. *Maury* (J. Siffrein), d'après Bernard d'Aguessi. In-fol.

230 anciennes épreuves.

HENRIQUEL-DUPONT.

914. L'Ecole Turque d'après Decamps.
15 épreuves, avant toutes lettres.

LANDRY (Et.).

915. Charles de Bourbon, Évêque de Soissons, d'après Laniel. In-fol.
10 épreuves.

LECOMTE (N.).

916. La Vierge au voile, d'après Raphaël. Petite pièce in-4.
87 épreuves avant la lettre sur chine,
200 épreuves avec la lettre sur chine.

917. J. Lamennais, d'après Ary Scheffer.
7 épreuves dans un état plus ou moins avancé.
6 épreuves, avec la lettre sur blanc et sur chine.

918. Sixte-Quint, d'après Schnetz.
14 épreuves sur blanc et sur chine.

LIGNON (F.).

919. Portrait de Nicolas Poussin d'après lui-même. In-fol.
52 superbes épreuves avant toutes lettres sur chine.
8 épreuves, lettres grises.
100 épreuves avec la lettre.

LONGHI et TOSCHI.

920. Vierge au voile, d'après Raphaël.
14 épreuves avant la lettre.
24 épreuves avec la lettre.

MASQUELIER.

921. La Vierge et l'enfant Jésus, d'après Raphaël.
5 épreuves avant toutes lettres.
4 épreuves avant la lettre.

MORIN ET LOCHON.

922. Portrait d'Omer Talon, d'après Ph. de Champagne. In-fol.
17 épreuves.

ROSASPINA (F.).

923. La Déposition du Christ d'après le Corrège.
21 épreuves avant toutes lettres.

SCHLEICH (A.).

924. Sainte Marie, d'après H. Heifs.
17 épreuves sur chine.

PLANCHES GRAVÉES

CLAESSENS.

925. La Femme hydropique, d'après G. Dow.
Tirage épreuve, état de la planche.

DREVET (P.).

926. Keller (J.-B.), commissaire général des Fontes de l'artillerie de France, d'après H. Rigaud. In-fol.
11 épreuves ancien tirage.

EDELINCK (G.).

927. Portrait de Hyacinthe Rigaud, d'après lui-même.
10 épreuves, ancien tirage.

HOPFER (D.).

928. Reître et Courtisane.
Sans épreuves.

RUHIERBE.

929. Henri IV chez Michaud, d'après Monjaud.

LIVRES

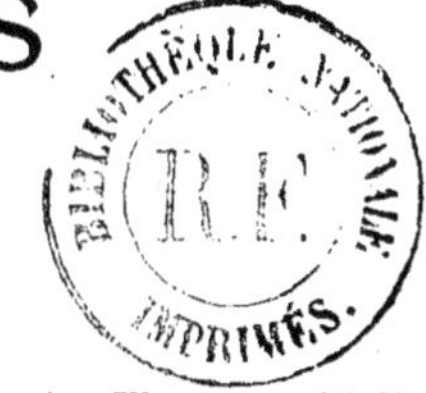

930. **Ampranus** (Jodocus). Gynaeceum, sive Theatrum Mulierum, in quo praecipuarum omnium per Europam imprimis nationum, gentium, etc., foemineos habitus videre est, artificiosissimis figuris expressos. (Additis octostichis Fr. Modii). *Francoforti, Impensis Sigismundi Feyrabendii*, 1586, in-4, en feuilles.

Recueil de 122 jolies figg. sur bois, avec une explication en vers latins.

931. **Armoiries** du Saint Empire Romain de la Nation allemande, des Princes de la Cour, des Chevaliers, des Nobles, etc., par Cyriacus Jacobus. (Texte allemand.) *S. l. n. d.*, pet. in-fol. de 10 ff., caract. goth., et de 72 ff. donnant 144 grands costumes gravés sur bois. En feuilles.

932. **Boucher Desnoyers** (Aug.). Recueil d'Estampes gravées d'après des Peintures antiques italiennes, etc. *Paris, Firmin-Didot*, 1821, in-fol. max., demi-rel. bas.

933. **Braun**. Matériaux. *S. d.*, in-fol. max., demi-rel. mar. ch. bleu, tr. jasp.

Recueil contenant 30 pl. : Types, Fleurs, Ornements, etc.

934. **Collection d'Imitations de Dessins** d'après les principaux Maîtres hollandais et flamands, commencée par E. Ploos van Amstel, continuée et portée au nombre de Cent Morceaux... Avec un Discours sur l'état ancien et moderne des Arts dans les Pays-Bas, par C. Josi. *Londres, C. Josi*, 1821, un tome en 2 vol. in-fol. max., demi-rel. mar. rouge, dos et coins, tr. dor.

935. **Dietterlein** (Wendel). Architectura. *Nürnberghen*, A° 1655, pet. in-fol., avec 209 pl., vél.

936. **Eaux-fortes** et Gravures des Maîtres anciens, tirées des Collections les plus célèbres, reproduites par l'Héliogravure Amand-Durand; publiées avec le concours de Edouard Lièvre. *Paris, Amand Durand*, 1872, 9 fascicules in-fol. max.

937. **Fleming** et **Tibbins**. Grand Dictionnaire français-anglais et anglais-français. *Paris*, *Firmin-Didot frères*, 1852, 2 vol. gr. in-4, cart.

938. **Fournel** (Victor). Les Rues du Vieux Paris. Galerie populaire et pittoresque. Ouvrage illustré de 165 gravures sur bois. *Paris*, *Firmin-Didot*, 1879, gr. in-8, broché.

938 *bis*. **Gazette des Beaux-Arts**. De l'origine 1859 à décembre 1886. 24 vol. in-4, demi-rel. mar. ch. rouge, non rognés; la suite en livraisons.

Manquent les n^os^ de mars 1860 et d'août 1883 de la *Gazette* et un certain nombre de numéros de la *Chronique des Arts*.

939. **Germain**, Marchand orfèvre Joaillier. Elements d'Orfevrerie, seconde Partie. *A Paris, chez l'Auteur*, 1748, in-4 de 50 pl. gravées, demi-rel. bas.

Taches aux quatre premières planches.

940. **Héros** (Les) de la Ligue, ou la Procession monacale conduite par Louis XIV pour la Conversion des Protestants de son Royaume. *A Paris, chez Père Peters* (*Hollande*), 1691, in-4, 24 pl. grav., demi-rel. bas.

941. **Holstenio** (Luca). Vetus Pictura Nymphaeum referens Commentariolo explicata. Accedunt alia quaedam eiusdem auctoris. *Romae Typis Barberinis*, 1676, in-fol., pl., v. rouge, fil.

942. **Hore** intemerate virginis Marie, secundum usum Romanum; totaliter ad longum sine require. (A la fin :) *Ces presentes heures a lusage de Romme ont este imprimees a Paris, par Maistre Jehan Philippe alemant a lenseigne de la Trinité pour Symon Vostre, s. d.* (Almanach de 1519 à 1536), in-12, caract. goth. petites miniatures, cart. vél.

Exemplaire imprimé sur peau de vélin.

943. **Images** de tous les Saincts et Saintes de l'Année, suivant le Martyrologe Romain, faictes par Jacques Callot. Et mises en lumière par Israël Henriet. *A Paris, chez Israël Henriet*, 1636, in-fol., v. brun.

Suite de 400 estampes sur 124 planches.

944. **Jacquemart** (Jules). 48 pl. gravées : Ecussons, Blasons, Specimens de Reliures (extraites de l'Histoire de la Bibliophilie). Gr. in-fol., demi-rel. v. brun, non rogné.

945. **Le Brun** (J.-B.-Pierre). Galerie des Peintres flamands, hollandais et allemands. Ouvrage enrichi de 201 planches gravées, d'après les meilleurs Tableaux de ces Maîtres, par les plus habiles artistes de France, de Hollande et d'Allemagne. *Paris, l'Auteur et Poignant,* 1792, 3 vol. in-fol., en feuilles.

Manquent 2 planches.

946. **Le Brun** (J.-B.-Pierre). Galerie des Peintres flamands, hollandais et allemands.

220 planches avant la lettre. Quelques-unes plus courtes ou remargées. — Plusieurs à l'état d'*eaux-fortes*. — Texte incomplet de plusieurs feuilles.

947. **Liber Veritatis**; or & Collection of Prints, after the Original Designs of Claude le Lorrain, in the Collection of his Grace the Duke of Devonshire, executed by Richard Earlom. *London, Published by Messrs Boydell and C°*, 1777-1819, 3 vol. in-fol., demi-rel. v. brun.

948. **Liber Veritatis** di Claudio Gelee Lorenese. Ovvero raccolta di duecento stampe tratte dalli di lui disegni nella Collezione del Duca di Devonshire, ed ora da Ludovico Caracciolo pittore romano ripetute. *In Roma, presso Francesco Bourlié*, 1815, 2 vol. in-fol. demi-rel. v. brun.

949. **Lucas de Leyde.** Œuvre, reproduit et publié par Amand-Durand. Texte par Georges Duplessis. *Paris, Amand-Durand, s. d.*, in-fol., dans un carton.

950. **Normand** (Alfred). L'Architecture des Nations étrangères. Étude sur les principales constructions du Parc, à l'Exposition universelle de Paris (1867). *Paris, Morel,* 1870, in-fol. pl., demi-rel. mar. ch. rouge, tête dor., non rogné.

951. **Notice** de ce qui s'est passé en France depuis la mort du roi Henri II en l'année 1559 et les suivantes, sous les règnes de François II et de Charles IX, jusqu'à l'année 1569, avec 34 planches, copies des originaux de Tortorel et Perrisin. — Suite de 113 planches, relatives à la Belgique et Hollande, de 1566 à 1582. Ensemble 147 pièces en un vol. in-4 obl., demi-rel. bas.

Le titre de la 1re partie manque.

952. **Nouveaux droits** d'état et statuts de la très honorée ville de Fribourg en Brisgau (texte allemand). *S. l. n. d.*, in-fol. de 12 et 97 ff. chiff., caract. goth., grandes figures sur bois au recto et au verso du titre, vél.

953. **Ottley** (William Young). A collection of fac-similés of scarce and curious prints by the early masters of the italian, german, and flemish schools; illustrative of the History of Engraving, from the invention of the art... With Introductory remarks and a catalogue of the plates. *London, Longman*, 1826, in-fol., demi-rel. mar. ch. rouge, non rogné.

954. **Pasini** (Giuseppe). Vocabolario Italiano-Latins. *Milans, P. And. Molina*, 1895, in-4, vél.

955. **Raphaël**. Planches des Arabesques des Loges du Vatican. *Rome, Marc Pagliarni*, 1772, in-fol. max. de 34 pl., cart,

956. **Recueil d'Estampes** d'après les plus beaux tableux et d'après les plus beaux desseins qui sont en France dans le cabinet du Roi, dans celui de Mgr le duc d'Orléans et dans d'autres Cabinets (connu sous le nom de Cabinet de Crozat). Avec un abrégé de la vie des peintres et une description historique de chaque tableau (par P. J. Mariette). *Paris, Basan*, 1763, 2 vol. in-fol. max., v. marb.

957. **Recueil de planches**. Gr. in-8, demi-rel. mar. ch. rouge.

Contenant : 20 vases, par J. Marot. — 17 vases par Jean Le Pautre. — 6 vases par Polydorus de Caravagio. — 42 Fontaines, Jardins et Façades par Le Pautre et autres. Ensemble 85 pièces.

958. **Repraesentatio**. Belli ob successionem in Regno Hispanico auspiciis Trium Potentiss. Invictis et Gloriosissim. Caesarum Leopoldi I. Josephi I. et Caroli VI... Gesti.

Cura atque sumptibus Jeremiae Wolfii. *Augustae Vindelicorum, s. d.* (1734), in-fol. max. de 52 pl. gravées, y compris le titre, demi-rel. vél.

Le vol. devrait contenir 56 pl.

959. **Robillard Peronville.** Musées Français, ou Collection complète des Tableaux, Statues et Bas-Reliefs qui composent la Collection nationale; avec l'explication des sujets et des discours sur la Peinture, la Sculpture et la Gravure (par Croze de Magnan, Visconti, etc.). *Paris, de l'Imprimerie de L. E. Herhan*, 1803-1811, 4 vol. in-fol. max.

Le Musée Royal, publié par Henri Laurent avec les descriptions par MM. Visconti, Guizot, etc. *Paris, imprimerie P. Didot*, 1816-1822, 2 vol. in-fol. max.

Ensemble 6 vol. in-fol. max., demi-rel. mar. rouge, non rognés.

960. **Tableaux** du Cabinet du Roy. Première partie. *A Paris, de l'Imprimerie Royale*, 1679, in-fol., pl. (36), v. gr.

961. **Tableaux,** Statues, Bas-Reliefs et camées de la Galerie de Florence et du palais Pitti, dessinés par M. Wicar... avec les explications par M. Mongez l'aîné. *Paris, Lacombe*, 1789-1819, 4 tomes en 3 vol. gr. in-fol., demi-rel. mar. rouge, non rognés.

Les 2 dernières livraisons sont en feuilles, sur grand papier; épreuves avant la lettre.

962. **Tableaux.** Statues, Bas-Reliefs et Camées de la Galerie de Florence et du Palais Pitti. 132 pl. diverses, la plupart en grand papier, épreuves avant la lettre.

963. **Vespasiano** (Fratre). Il Perfetto Modo d'imparare a scrivere tutte le sorte di lettere cancellaresche corsive, et moderne, che serve ad ogni conditione di persone. *In Venetia appresso Lissandro de Vechi*, 1620, in-4 obl., cuir de Russie, fil., tr. dor.

Curieux recueil contenant 81 modèles d'alphabets historiques et d'ornements gothiques.

964. **Voyage** à Athènes et à Constantinople, ou Collection de portraits, de vues et de costumes grecs et ottomans, peints sur les lieux, d'après nature, lithographiés et coloriés par L. Dupré, accompagné d'un texte orné de vignettes. *Paris, Imprimerie de Dondey-Dupré*, 1825, in-fol. max., demi-rel. mar. ch. rouge.

965. **COSTUMES MILITAIRES FRANÇAIS** depuis l'organisation des premières troupes, régulières en 1439, jusqu'en 1789. — Et de 1789 à 1815. Dessins et texte par MM. de Noirmont et Alfred de Marbot. *Paris, Clément*, 1830 *et années suivantes*, 3 vol. in-fol., renfermant 450 planches de costumes coloriés, demi-rel. mar. brun.

Les planches 64 et 79 de la seconde série manquent. — 21 planches sont en noir.

966. **COSTUMES MILITAIRES FRANÇAIS** depuis l'organisation des premières troupes régulières en 1429 jusqu'en 1789. — Et de 1789 à 1815. Dessins et texte par MM. de Noirmont et Alfred de Marbot. *Paris, Clément*, 1830 *et années suivantes*, 3 vol. in-fol.

4 exemplaires avec costumes coloriés, en feuilles.
38 exemplaires avec costumes en noir.
Nombreux défets de texte et de planches, avec modèles pour le coloris.

---

967. **Alvin** (L.). Catalogue raisonné de l'Œuvre des trois frères Jean, Jérôme et Antoine Wierix. *Bruxelles, Arnold*, 1866, in-8, pl., demi-rel. mar. ch. vert, tr. jasp.

968. **Artistes Célèbres** (Les) : Rembrandt, par Em. Michel. — Jacques Callot, par Marius Vachon. — Les Frères Van Ostade, par Marguerite Van de Wiele. — Antoine Watteau, par G. Dargenty. *Paris, Librairie de l'Art*, 1886-1893, 4 fascicules in-4, figg., brochés.

969. **Bapst** (Germain). Études sur l'Orfèvrerie francaise au XVIIIe siècle : les Germain, orfèvres-sculpteurs du Roy. Ouvrage orné de 90 gravures. *Paris, Rouam*, s. *d.*, in-8, figg., broché.

970. **Bartsch** (Adam). Le Peintre-Graveur. *Vienne, de l'Imprimerie de J.-V. Degen*, 1803-1821, 21 vol. in-8, figg., et Atlas in-4 obl., demi-rel. vél., tr. éb.

971. **Bartsch** (Adam). Catalogue raisonné de toutes les Estampes qui forment l'œuvre de Rembrandt, et ceux de ses principaux imitateurs; composé par les sieurs Gersaint, Helle, Glomy et P. Yver. Nouvelle édition, entièrement refondue, corrigée et considérablement augmentée. *Vienne, chez A. Blumauer*, 1797, 2 tomes en un vol. in-8, portrait et pl., demi-rel. v. fauve, tr. jasp.

972. **Bartsch** (Adam). Catalogue raisonné des Estampes gravées à l'eau-forte par Guido Reni, et de celles de ses disciples Simon Cantarini, dit le Pesarese, J.-André et Élisabeth Sirani et Laurent Loli. *Vienne, A. Blumauer*, 1795, pet. in-8, cart.

973. **Bartsch** (Fr. de). Catalogue des Estampes de J. Adam de Bartsch. *Vienne, de l'Imprimerie d'Antoine Pichler*, 1818, in-8, portrait, demi-rel. bas.

974. **Basan** (F.). Catalogue des Estampes gravées d'après P.-P. Rubens; avec une Méthode pour blanchir les Estampes les plus rousses et en ôter les taches d'huile. *Paris, Dessain*, 1767, in-12, v. brun.

975. **Basan** (F.). Dictionnaire des Graveurs anciens et modernes, depuis l'origine de la Gravure. *Paris, l'Auteur*, 1789, 2 vol. in-8, front. grav., bas.

976. **Bellier de la Chavignerie**. Biographie et Catalogue de l'Œuvre du Graveur Miger. Son portrait, avec fac-similé de son écriture. *Paris, Dumoulin*, 1856, in-8, broché.

977. **Beraldi** (Henri). Estampes et Livres. 1872-1892. *Paris, L. Conquet*, 1892, in-4, broché.

978. **Beraldi** (Henri). Les Graveurs du XIXe siècle. Guide de l'Amateur d'Estampes modernes. *Paris, Conquet*, 1885-1892, 12 vol. in-8, brochés.

Manque le tome V.

979. **Bernard** (Auguste). Geofroy Tory, peintre et graveur, premier Imprimeur royal, Réformateur de l'Orthographe et de la Typographie sous François Ier. *Paris, Tross?* 1857, in-8, pap. vélin, demi-rel. mar. ch. vert, non rogné.

980. **Blanc** (Charles). Grammaire des Arts du Dessin. Architecture, Sculpture, Peinture. *Paris, Vve Renouard*, 1867, gr. in-8, demi-rel. mar. ch. rouge, non rogné.

981. **Blanc** (Charles). L'Œuvre complet de Rembrandt, décrit et commenté. Catalogue raisonné de toutes les eaux-fortes du Maître et de ses peintures. *Paris, Gide*, 1859-1864, 2 tomes en 3 parties, gr. in-8, pl., brochées.

982. **Blanc** (Charles). Le Trésor de la Curiosité, tiré des Cata-

logues de vente. *Paris*, *Vve Renouard*, 1857, 2 vol. in-8, figg., demi-rel. v. fauve, tr. jasp.

983. **Bocher** (Emmanuel). Les Gravures françaises du XVIIIe siècle, ou Catalogue raisonné des Estampes, Eaux-Fortes, Pièces en couleur, au bistre et au lavis de 1700 à 1800. *Paris*, *Jouaust*, 1875-1882, 6 vol. in-4, pl., demi-rel. mar. ch. vert, non rognés.

984. **Bonnardot** (A.). Essai sur l'Art de restaurer les Estampes et les Livres. *Paris*, *Castel*, 1858, in-12, cart.

985. **Bourcard** (Gustave). Les Estampes du XVIIIe siècle. École française. Guide-Manuel de l'Amateur avec une Préface de Paul Eudel. *Paris*, *Dentu*, 1885, gr. in-8, pap. vergé, broché.

986. **Bourcard** (Gustave). Dessins, Gouaches, Estampes et Tableaux du XVIIIe siècle. Guide de l'Amateur. *Paris*, *D. Morgand*, 1893, gr. in-8, pap. de Hollande, broché.

987. **Bromlez** (Henry). A Catalogue of engraved British Portraits, from Egbert the Great to the Present Time. Consisting of the Effigies of persons in every walk of human life. With an Appendice. *London*, *Pinted for T. Payne*, 1793, 2 parties en un vol. in-4, demi-rel. v. brun, tr. jasp.

Exemplaire tiré sur grand papier.

988. **Brulliot** (François). Dictionnaire des Monogrammes, Marques figurées, Lettres initiales, etc., avec lesquels les peintres, dessinateurs, graveurs et sculpteurs ont désigné leurs noms. *Munich*, *Cotta*, 1832-1834, 3 parties en un vol. in-4, nombreux monogrammes, demi-rel. mar. ch. rouge, tr. dor.

989. **Brunet** (J.-C.). Manuel du Libraire et de l'Amateur de Livres. Cinquième édition. *Paris*, *Firmin-Didot*, 1860-1865, 6 tomes en 12 vol., gr. in-8, demi-rel. vél., non rognés.

990. **Bry** (Auguste). Raffet. Sa Vie et ses Œuvres. *Paris*, *Dentu*, 1861, gr. in-8, portraits et eaux-fortes, broché.

991. **Bulletin** des Beaux-Arts. Répertoire des Artistes français, 2e et 3e années. *Paris*, *Fabré*, 1884-1885, 2 vol. in-4, pl., brochés.

992. **Bürger** (W.) (Th. Thoré). Trésors d'Art exposés à Manchester en 1857, et provenant des collections royales, des collections publiques et de collections particulières de la

Grande-Bretagne. *Paris, Vve Renouard*, 1857, in-12, cart.

993. **Bürger** (W.). Galerie de MM. Pereire. *Paris*, 1864, in-4, pap. de Hollande, fig. et pl., broché.

994. **Catalogue** de l'Œuvre lithographique de M. Horace Vernet. *Paris, Imprimerie de Gratiot*, 1826, in-8, demi-rel. vél., non rogné.

995. **Claussin** (Le Chev. de). Catalogue raisonné de toutes les Estampes qui forment l'Œuvre de Rembrandt, et des principales pièces de ses élèves, composé par les sieurs Gersaint, Helle, Glomy et P. Yver. *Paris, de l'Imprimerie de Firmin-Didot*, 1824-1828, 2 tomes en un vol. in-8, demi-rel. vél.

996. **Claussin**. Avec le supplément. *Paris, de l'Imprimerie de Firmin-Didot*, 1824-1828, 2 tomes en un vol. in-8, demi-rel. bas. verte, t. jasp.

Exemplaire tiré sur papier vélin.

997. **Clément** (Charles). Géricault. Étude biographique et critique. Avec le Catalogue raisonné de l'Œuvre du Maître. Troisième édition, augmentée d'un Supplément et ornée de 30 planches. *Paris, Didier*, 1789, gr. in-8, broché.

998. **Cohen** (Henry). Guide de l'Amateur de Livres à figures et à vignettes du XVIIIe siècle. Troisième édition, entièrement refondue et considérablement augmentée par Ch. Mehl. *Paris, Rouquette*, 1876, gr. in-8, pap. vergé, front gr., demi-rel. mar. ch. vert, tr. jasp.

999. **Cumberland** (George). An Essay on the utility of collecting the best Works of the ancient engravers of the Italian School. A critical Catalogue, with interesting anecdotes of the engravers, of a chronological series of rare and valuable prints, from the earliest practice of the Art in Italy to the year 1549, now deposited in the British Museum and Royal Academy, in London. *London, Payne and Foss*, 1827, in-4, portrait, cart.

1000. **Daulby** (Daniel). A Descriptive Catalogue of the works of Rembrandt, and of his scholars, Bol, Livens and Van Vliet, compiled from the original Etchings, and from the Catalogues of de Burgy, Gersaint, Helle and Glomy, etc. *Liverpool, J. Edwards*, 1796, in-8, portrait, cuir de Russie, tr. éb.

1001. **Defer** (P.). Catalogue général des ventes publiques de Tableaux et Estampes, depuis 1737 jusqu'à nos jours... formant un Dictionnaire des Peintres et des Graveurs les plus célèbres de toutes les Ecoles. *Paris, Aubry, Clément et Rapilly*, 1865-1868, 4 vol. in-8, brochés.

1002. **Degen** (J.-V.). Estampes qui forment l'Œuvre de Lucas de Leyde. *Vienne, J.-V. Degen*, 1798, in-8. Ensemble 2 tomes en un vol. in-8, demi-rel. vél.

1003. **Delécluze** (E.-J.). Notice sur la Vie et les Ouvrages de Léopold Robert. *Paris, Rittner et Goupil*, 1838, gr. in-8, port. et figg., demi-rel., mar. ch. vert, non rogné.

1004. **Delignières**. Catalogue raisonné de l'Œuvre gravé de Jean Daullé, d'Abbeville, par Em. Delignières. *Paris*, 1873, in-8, broché.

1005. **Del Marmol**. Catologue de la plus précieuse Collection d'Estampes de P. P. Rubens et d'A. Van Dyck, qui ait jamais existé, le tout recueilli avec beaucoup de frais et de soins, par Mre Del-Marmol, rédigé par Rombaut. *Bruxelles*, 1794, gr. in-8, portrait, demi-rel. vél., non rogné.

1006. **Descriptive** (A) Catalogue of the Prints of Rembrandt, by an Amateur. *London, Setchel*, 1836, in-8, cart., non rogné.

1007. **Destailleur** (H.). Notices sur quelques Artistes français : Architectes, Dessinateurs, Graveurs du XVIe au XVIIIe siècle. *Paris, Rapilly*, 1862, in-8, demi-rel. mar. ch. rouge, non rogné.

1008. **Du Bois de Saint-Gelais**. Description des Tableaux du Palais-Royal, avec la Vie des Peintres à la tête de leurs ouvrages. *Paris, d'Houry*, 1727, in-12, v. brun.

1009. **Duchesne** aîné. Essai sur les Nielles, gravures des orfèvres florentins du XVe siècle. *Paris, Merlin*, 1826, in-8, pl., demi-rel. mar. ch. rouge, tr. jasp.

1010. **Duchesne** aîné. Voyage d'un Iconophile. Revue des principaux Cabinets d'Estampes, Bibliothèques et Musées d'Allemagne, de Hollande et d'Angleterre. *Paris, Heideloff et Campé*, 1834, in-8, demi-rel. mar. ch. rouge, tr. jasp.

1011. **Duplessis** (Georges). Catalogue de l'Œuvre de Abraham Bosse. *Bruxelles et Paris*, 1859, gr. in-8, cart., non rogné.

Exemplaire interfolié.

1012. **Duplessis** (Georges). Catalogue de l'Œuvre de Abraham Bosse. *Paris*, 1856, in-8, broché.

1013. **Duplessis** (Georges) et H. Bouchot. Guides du Collectionneur. Dictionnaire des marques et monogrammes de Graveurs. *Paris, Rouam*, 1886, in-12, pap. vergé, figg. de monogrammes, broché.

1014. **Dutuit** (Eugène). Manuel de l'Amateur d'Estampes. Tomes I, IV, V et VI. *Paris, A. Lévy*, 1884-1885, 4 tomes en 5 vol. in-4 et Album, figg., vél., non rognés.

1015. **Eaux-fortes** de Jules de Goncourt. Notice et Catalogue par Philippe Burty. *Paris, Librairie de l'Art*, 1876, in-fol., pl., cart.

1016. **Encyclopédie** ou Dictionnaire raisonné des Sciences, des Arts et des Métiers, par une Société de Gens de Lettres. Mis en ordre et publié par MM. Diderot et d'Alembert. *Paris, Briasson et David l'aîné*, 1751-1780, 35 vol. in-fol., pl., v. brun.

1017. **Euboeus** (Tauriscus). Catalogue des Estampes gravées d'après Rafaël. *Francfort-sur-le-Mein*, 1819, in-8, demi-rel. v. rose, tr. marb.

1018. **Fagan** (Louis). A Descriptive Catalogue of the engraved Works of William Faithorne. *London, B. Quaritch*, 1888, gr. in-8, pap. de Hollande, cart. percal., non rogné.

1019. **Faucheux** (L. E.). Catalogue raisonné de toutes les Estampes qui forment l'Œuvre d'Israël Silvestre, précédé d'une Notice sur sa vie. *Paris, Vve Renouard*, 1857, in-8, pap. vél., demi-rel. vél., non rogné.

1020. **Fancheux** (L.-E.). Catalogue raisonné de toutes les estampes qui forment les Œuvres gravés d'Étienne Ficquet, Pierre Savart, J.-B. de Grateloup et J.-P.-S. de Grateloup. *Paris, Renouard*, 1864, in-8, pap. de Hollande, demi-rel. vél., non rogné.

1021. **Firmin-Didot** (Ambroise). Étude sur Jean Cousin, suivie de notices sur Jean Leclerc et Pierre Woeiriot. *Paris, Firmin-Didot*, 1872, gr. in-8, broché.

1022. **Firmin-Didot** (Ambr.). Les Drevet (Pierre, Pierre-Imbert et Claude). Catalogue raisonné de leur Œuvre, précédé d'une introduction. *Paris, Firmin-Didot*, 1876, gr. in-8, pap. de Hollande, broché.

1023. **Galichon** (Émile). Albert Dürer. Sa vie et ses Œuvres. *Paris, Aubry*, 1861, in-4, pap. de Hollande, figg., demi-rel. vél., non rogné.

1024. **Gaurici** (Pomp.) Neapolitani De Sculptura Liber. Ludo Demontiosii de Veterum sculptura. Caelatura Gemmarum Sculptura et Pictura Libri duo. — Abrahami Gorlaci Antverpiani Dactylotheca Omnia accuratius edita. *Antuerpiae*, 1609, 2 tomes en un vol. pet. in-4, avec 192 figg., demi-rel. bas.

1025. **Gersaint**. Catalogue raisonné de toutes les pièces qui forment l'Œuvre de Rembrandt, mis au jour, avec les augmentations nécessaires par les sieurs Hellé et Glomy. *Paris, Hochereau*, 1751, in-12, interfolié, demi-rel. bas.

1026. **Giacomelli** (H.). Raffet. Son Œuvre lithographique et ses Eaux-fortes, suivie de la Bibliographie complète des ouvrages illustrés de vignettes d'après ses dessins. Orné d'eaux-fortes inédites par Raffet et de son portrait par Bracquemond. *Paris, Gazette des Beaux-Arts*, 1862, in-8, cart., tr. jasp.

1027. **Goncourt** (Edmond de). Catalogue raisonné de l'Œuvre peint, dessiné et gravé d'Antoine Watteau. *Paris, Rapilly*, 1875, in-8, portrait, broché.

1028. **Granges de Surgères** (Marquis de) et Gustave Bourcard. Les Françaises du XVIIIe siècle. Portraits (12) gravés. Avec une préface par le baron Roger Portalis. *Paris, Dentu*, 1887, gr. in-8, pap. de Hollande, broché.

1029. **Graveurs** (Les) de portraits en France. Catalogue raisonné de la collection des Portraits de l'École française, appartenant à Ambroise Firmin-Didot. Précédé d'une introduction. Ouvrage posthume. *Paris, Firmin-Didot*, 1875-1877, 2 vol. in-8, demi-rel. mar. ch. bleu, tr. jasp.

1030. **Gudet** (François). Histoire des corps de troupe qui ont été spécialement chargés du service de la ville de Paris, depuis son origine jusqu'à nos jours. Illustrée en couleurs par Eug. Chaperon, G. Clairin, Jazet, etc. *Paris, Pillet*, 1887, gr. in-8, figg. coloriées, broché.

1031. **Guiffrey** (J.-J.). L'Œuvre de Ch. Jacque. Catalogue de ses eaux-fortes et pointes-sèches. Avec une eau-forte inédite. *Paris, Mlle Lemaire*, 1866, in-8, broché.

1032. **Guilmard** (D.). Les Maîtres Ornemanistes. Dessinateurs, Peintres, Architectes, Sculpteurs et Graveurs. Publication enrichie de 180 pl. tirées à part et de nombreuses gravures dans le texte. *Paris, Plon et Cie*, 1880, 2 vol. in-4, demi-rel. mar. rouge, non rognés.

1033. **Hecquet** (R.). Catalogue des estampes gravées d'après Rubens, auquel on a joint l'Œuvre de Jordaens et celle de Visscher. Avec un secret pour blanchir les estampes et en ôter les taches d'huile, par R. Hecquet. *Paris*, 1751,-in-12, demi-rel. bas., tr. jasp.

1034. **Hédou** (Jules). Noël Le Mire et son Œuvres. Suivi du Catalogue de l'Œuvre gravé de Louis Le Mire. Portrait à l'eau-forte par Gilbert. *Paris, Baur*, 1875, gr. in-8, papier de Hollande, broché.

1035. **Hédou** (Jules). Jean Le Prince et son Œuvre; suivi de nombreux documents inédits. Portrait à l'eau-forte par Gilbert. *Paris Baur et Rapilly*, 1879, gr. in-8, papier de Hollande, broché.

1036. **Heineken** (C.-H. de). Dictionnaire des Artistes dont nous avons des estampes, avec une notice détaillée de leurs ouvrages gravés. Tome I à IV (seul publiés). *Leipzig, Breitkopf*, 1788-1790, 4 vol. in-8, demi-rel. bas., non rognés.

1037. **Heller** (Joseph). Histoire de la gravure sur bois depuis son origine jusqu'à nos jours. (Texte allemand.) *Bamberg, Fr. Kunz*, 1823, in-8, nombreuses figg. sur bois et monogrammes, demi-rel. v. brun.

1038. **Hookham Carpenter** (W.). Mémoires et documents inédits sur Antoine Van Dyck, Rubens et autres artistes contemporains. Trad. de l'Anglais par L. Hymans. *Anvers, Buschmann*, 1845, gr. in-8, portr. et facsimilé, demi-rel. vél.

1039. **Huber et C. C. H. Rost.** Manuel des Curieux et des Amateurs de l'Art, contenant une Notice abrégée des principaux graveurs et un Catalogue raisonné de leurs meilleurs ouvrages. *A Zurich, chez Orell, Gessner, etc.*, 1797-1808, 9 vol. pet. in-8, demi-rel. vél., non rognés.

1040. **Iconographie de la reine Marie-Antoinette.** Catalogue descriptif et raisonné de la Collection de Portraits, Pièces historiques et allégoriques, Caricatures, etc., formée par Lord Ronald Gower. Précédé d'une Lettre de M. Georges Duplessis. Ouvrage orné de nombreuses reproductions en noir et en couleurs, d'après des originaux faisant partie de la Collection. *Paris, Quantin*, 1883, in-4, broché.

1041. **Jacoby** (L.-D.). Catalogue raisonné de l'Œuvre de feu George Frédéric Schmidt, Graveur du Roi de Prusse. *Londres*, 1789, in-8. — Schmidt's Werke... herausgegeben L. D. Jacoby. *Berlin*, 1815, in-8, portrait. — Ensemble 2 tomes en un vol. in-8, demi-rel. mar. ch. vert, tr. jasp.

1042. **Jacoby** (L.-D.). Schmidt's Werke oder : beschreibendes Verzeichniss samtlicher Kupferstiche und Radirungen welche der berühmte Künstler. G. Friedrich Schmidt. *Berlin*, 1815, in-8, portrait demi-rel. v. vert, tr. jasp.

1043. **Jal** (A.). Dictionnaire critique de Biographie et d'Histoire. *Paris, Plon*, 1867, in-8, cart.

1044. **Jombert** (Ch.-Antoine). Essai d'un Catalogue de l'Œuvre d'Étienne de La Belle, Peintre et Graveur florentin, disposé par ordre historique, suivant l'année où chaque pièce a été gravée. *Paris, l'Auteur*, 1772, in-8, demi-rel. vél., non rogné.

1045. **Jombert** (Ch.-Ant.). Catalogue raisonné de l'Œuvre de Sébastien Le Clerc, dessinateur et graveur du Cabinet du Roy. *Paris, l'Auteur*, 1774, 2 vol. in-8, v. marb.

1046. **Laborde** (Léon de). Histoire de la Gravure en manière noire. *Paris, Imprimerie de Jules Didot*, 1839, gr. in-8, figg., demi-rel. mar. ch. brun, tr. jasp.

1047. **La Combe** (De). Charlet. Sa Vie, ses Lettres, suivi d'une Description raisonnée de son œuvre lithographique, Orné d'un Portrait de Charlet. *Paris, Paulin et Le Chevalier*, 1856, gr. in-8, demi-rel. bas., tr. jasp.

1048. **Lacroix** (Paul). Iconographie Molièresque. Seconde édition. *Paris, Fontaine,* 1876, in-8, portrait, broché.

1049. **Le Blanc** (Charles). Catalogue de l'Œuvre de Jean Georges Wille, graveur. — Catalogue de l'Œuvre de Robert Strange, graveur. — *Leipzig, R. Weigel,* 1847-1848, 2 tomes en un vol. in-8, cart.

1050. **Le Blanc** (Charles). Catalogue de l'Œuvre de Jean Georges Wille, Graveur. *Leipzig, Rud. Weigel,* 1847, in-8, demi-rel. v. bleu, tr. jasp.

1051. **Le Blanc** (Charles). Manuel de l'Amateur d'Estampes. Tomes I et II et première partie du Tome III. *Paris, Jannet,* 1854-1856, 3 parties en 2 vol. gr. in-8, demi-rel. mar. ch. vert, tr. marb.

Petites taches d'encre au 1er volume.

1052. **Le Blanc** (Ch.). Manuel de l'Amateur d'Estampes. Livraisons 1 à 3. *Paris, Jannet,* 1850, 3 fascicules gr. in-8, brochés.

2 Exemplaires.

1053. **Le Blon** (J.-C.). L'Art d'imprimer les Tableaux. Traité d'après les Opérations et les Instructions verbales. *Paris, Le Mercier,* 1756, in-8, pl., cart.

1054. **Lelong** (Le P.). Appendice de la Bibliothèque historique de la France, contenant diverses Tables et Listes de Mémoires et d'Estampes qui ont rapport à l'Histoire de ce royaume. *Paris, s. d.,* in-fol., cart.

1055. **Lépicié.** Catalogue raisonné des Tableaux du Roy, avec Abrégé de la Vie des Peintres. *A Paris, de l'Imprimerie royale,* 1752-1754, 2 tomes en un vol. in-4, demi-rel. bas., tr. jasp.

1056. **Mahérault** (J.-F.). L'Œuvre de Moreau le Jeune. Catalogue raisonné et descriptif, avec Notes iconographiques. *Paris, Labitte,* 1880, gr. in-8, pap. de Hollande, portrait, demi-rel. mar. ch. rouge, tête dor., non rogné.

1057. **Malpez et Baverel.** Notices sur les graveurs qui nous ont laissé des Estampes marquées de Monogrammes, Chiffres; Rébus, Lettres initiales; avec une Description de leurs plus beaux ouvrages et des planches en taille-douce, contenant toutes les marques dont ils se sont servis. *Besançon, Imprimerie de Taulin-Dessirier*, 1808, 2 vol. in-8, pl. de monogrammes, demi-rel. v. fauve.

1058. **Passavant** (J.-D.). Le Peintre-Graveur contenant l'Histoire de la Gravure sur bois, sur métal et au burin, jusque vers la fin du XVIe siècle. *Leipsic, Rudolph Weigel*, 1860-1864, 6 vol. gr. in-8, portrait, demi-rel. vél.

1059. **Manuel des Amateurs d'Estampes**, contenant : 1° Notice sur la Gravure et Conseils aux amateurs pour former une bonne collection d'Estampes. — 2° Notice sur les principaux graveurs et amateurs vivants, etc., par J. C. L. M. *Paris, Foucault*, 1821, in-12. — Notice des Estampes exposées à la Bibliothèque du Roi. *Paris, Leblanc*, 1819, in-12. Ensemble 2 tomes en un vol. in-12, demi-rel. bas.

1060. **Meaume** (Édouard). Recherches sur la vie et les ouvrages de Jacques Callot. *Paris, Vve Renouard*, 1860, 2 vol. in-8, demi-rel. mar. ch. vert, non rognés.

1061. **Meaume** (Édouard). Sébastien Le Clerc et son Œuvre. *Paris, Baur et Rapilly*, 1877, gr. in-8, pap. de Hollande, broché.

1062. **Middleton** (Ch. Henry). A Descriptive Catalogue of the etched work of Rembrandt Van Rhyn. *London, John Murray*, 1878, gr. in-8, pl., demi-rel. bas., non rogné.

1063. **Montaiglon** (A. de). Catalogue raisonné de l'Œuvre de Claude Mellan d'Abbeville. *Abbeville, Typographie de P. Briez*, 1856, in-8, cart.

1064. **Moreau** (Adolphe). E. Delacroix et son Œuvre. Avec des gravures en fac-similé des planches originales les plus rares. *Paris, Librairie des Bibliophiles*, 1873, gr. in-8, broché.

1065. **Pacile** (Ch.). Essai historique et critique sur l'invention de l'Imprimerie. *Paris, Techener*, 1859, in-8, broché.

1066. **Panhard** (F.). Joseph de Longueil. Sa Vie, son Œuvre. Illustré d'un portrait par Ad. Varin et d'une suite de reproductions de gravures. *Paris, Morgand et Fatout*, 1880, gr. in-8, pap. de Hollande, broché.

1067. **Piedagnel** (Alexandre). J.-F. Millet. Souvenirs de Barbizon. Avec 1 portrait et 9 eaux-fortes. *Paris, Vve Cadart*, 1896, gr. in-8, pap. vergé, broché.

1068. **Piot** (Eug.). Le Cabinet de l'Amateur et de l'Antiquaire. *Paris, Bureaux du Journal*, 1842-1846, 4 vol. gr. in-8, fig., demi-rel. vél., non rognés.

1069. **Portalis** (Baron Roger) et Henri Draibel (Béraldi). Charles-Étienne Gaucher, graveur. Notice et Catalogue. *Paris, Morgand et Fatout*, 1879, in-8, broché.

1070. **Portalis** (Baron Roger) et Henri Beraldi. Les Graveurs du XVIIIe siècle. *Paris, Morgand et Fatout*, 1880-1882, 3 vol. in-8, pap. de Hollande, brochés.

1071. **Premier** (Le) siècle de la Calcographie, ou Catalogue raisonné des Estampes du Cabinet de feu M. le comte Léopold Cicognara. Avec un Appendice sur les Nielles du même Cabinet. École d'Italie par A. Zanetti. *Venise*, 1837, in-8, demi-rel. vél., non rogné.

1072. **Quatremère de Quincy**. Histoire de la Vie et des ouvrages de Raphaël. Orné d'un portrait. *Paris, Gosselin*, 1824, in-8, demi-rel. mar. ch. vert, tr. jasp.

1073. **Quatremère de Quincy**. Histoire de la Vie et des ouvrages de Raphaël. Ornée du portrait de Raphaël et d'un fac-similé de son écriture. *Paris, Ad. Leclère*, 1833, gr. in-8, broché.

1074. **Quentin-Bauchart** (Ernest). Les Femmes Bibliophiles (XVIe, XVIIe et XVIIIe siècles). *Paris, D. Morgand*, 1886, 2 vol. in-4, pl., brochés.

1075. **Rembrandt**. L'Œuvre, décrit et commenté par M. Ch. Blanc. Ouvrage comprenant la reproduction de toutes les estampes du Maître, exécutée sous la direction de M. Firmin Delangle. *Paris, Quantin*, 1880, 2 vol. in-fol. et 1 vol. in-fol. max., cart.

1076. **Rembrandt**. L'Œuvre complet, décrit et commenté par M. Eugène Dutruit, et reproduit à l'aide des procédés de l'héliogravure, par M. Charreire. *Paris, A. Lévy*, 1883, 2 vol. in-4 en livraisons, et album in-fol. max. en feuilles.

1077. **Rembrandt.** Tableaux et dessins. Catalogue historique et descriptif par M. Eug. Dutruit. Description de tous les tableaux connus et des dessins du Maître existant dans les Galeries publiques et privées. Avec 25 planches en héliogravure ou eaux-fortes. Supplément à l'œuvre complet de Rembrandt. *Paris*, *Lévy*, 1885, pet. in-fol. broché.

Exemplaire tiré sur papier de Hollande.

1078. **Rembrandt.** L'Œuvre gravé. Reproduction des planches originales dans tous leurs états successifs. 1 000 phototypies sans retouches. Avec un Catalogue raisonné par Dmitri Rovinski. Saint-Pétersbourg, 1890, 1 vol. in-4, broché, et 3 vol. pet. in-fol., en feuilles.

1079. **Rembrandt.** Œuvre reproduit et publié par Amand-Durand. *Paris*, *Amand-Durand*, *s. d.*, 3 vol. in-fol. et 1 vol. in-fol. max. (dans des cartons).

1080. **Renouvier** (Jules). Des types et des Manières des Maîtres Graveurs, pour servir à l'histoire de la gravure en Italie, en Allemagne, dans les Pays-Bas et en France. *Montpellier*, *Boehm*, 1853-1855, 2 vol. in-4, demi-rel. vél., non rognés.

1081. **Robert-Dumesnil** (A. P. F.). Le Peintre-Graveur français, ou Catalogue raisonné des Estampes gravées par les Peintres et les Dessinateurs de l'École française. Ouvrage faisant suite au Peintre-Graveur de M. Bartsch. *Paris*, *G. Warée et Mme Huzard*, 1835-1871, 11 vol. in-8, demi-rel. vél., tr. jasp.

Les Tomes X et XI sont brochés.

1082. **Roudicour** (Prosper de). Le Peintre-Graveur français continué ou Catalogue raisonné des Estampes gravées par les Peintres et les Dessinateurs de l'École française nés dans le XVIIIe siècle. *Paris*, *Mme Bouchard-Huzard et Rapilly*, 1859, 2 vol. in-8, demi-rel., vél.

1083. **Ruysdael** (J.). Eaux-fortes, reproduites et publiées par Amand-Durand. Texte par Georges Duplessis. *Paris*, *Amand-Durand*, 1878, in-fol., demi-rel. mar. violet, dos et coins, tête dor., non rogné.

1084. **Schongauer** (Martin). Œuvre, reproduit et publié par Amand-Durand. Texte par Georges Duplessis. *Paris*, *Amand-Durand*, *s. d.*, in-fol., dans un carton.

1085. **Senefelder** (Aloys). L'Art de la Lithographie, ou Instruction pratique contenant la description claire et succincte des différents procédés à suivre pour dessiner, graver et imprimer sur pierre; précédée d'une Histoire de la Lithographie et de ses divers progrès. *Paris, Treuttel et Würtz*, 1819, in-4, pl., demi-rel. v. brun, tr. marb.

1086. **Sensier** (Alfred). La Vie et l'Œuvre de J.-F. Millet. Mauuscrit publié par Paul Mantz. Avec de nombreuses illustrations. *Paris, Quantin*, 1881, gr. in-4, broché.

1087. **Sieurin** (M.-J.). Manuel de l'Amateur d'Illustrations. Gravures et Portraits pour l'ornement des livres français et étrangers. *Paris, Labitte*, 1875, in-8, demi-rel. mar. ch. vert, tête dor., non rogné.

1088. **Soliman Lieutaud**. Liste alphabétique de Portraits français gravés jusques et y compris l'année 1775, faisant le Complément de celle de la Bibliothèque historique de la France, du P. Lelong. Deuxième édition. *Paris, Novembre* 1846, in-4, broché.

1089. **Stirpium Insignium Nobilitatis**, tum etiam Sodaltum Memoriales singulari studis collectum, et splendidis, acri insculptis imaginib. exornatum Impensis Ludovicii Regii Basilien. *In Verlegung Ludwig Runings von Basel, s. d.*, in-4 obl. de 68 figg. très finement gravées.

1090. **Tableau de Paris**, ou Explication de différentes figures gravées à l'eau-forte, pour servir aux différentes éditions du Tableau de Paris, par Mercier. *Yverdon*, 1787, in-4, cart., tr. jasp.

1091. **Thies** (Louis). Catalogue of the Collection of Engravings bequeathed to Harvard College, by Francis Calley Gray. *Cambridge, Welch, Bigelow and C°*, 1869, gr. in-4, cart., tête dor., tr. éb.

1092. **Union centrale des Beaux-Arts** appliqués à l'Industrie. Souvenir de l'Exposition de M. Dutuit. (Extrait de sa collection.) *Paris*, 1869, in-4, pap. de Hollande, pl. noires et en couleur, demi-rel. mar. ch. vert, non rogné.

1093. **Van der Willigen** (A.). Les Artistes de Harlem. Notices historiques; avec un précis sur la Gilde de Saint-Luc. *Harlem, les Héritiers F. Bohn*, 1870, gr. in-8, avec fac-similés, broché.

1094. **Van Dyck** (Antoine). Eaux-fortes reproduites et publiées par Amand-Durand. Texte par Georges Duplessis. *Paris, Amand-Durand, s. d.*, in-fol., demi-rel. mar. violet, dos et coins, tête dor., non rogné.

1095. **Van Ostade**. Eaux-fortes, reproduites et publiées par Amand-Durand. *Paris, s. d.*, in-fol., dans un carton.

1096. **Viardot** (Louis). Les Musées d'Allemagne et de Russie. *Paris, Paulin*, 1844, in-12, demi-rel. v. fauve, tr. jasp.

1097. **Weigel** (Rudolph). Suppléments au Peintre-Graveur de Adam Bartsch. Tome Ier (seul publié). *Leipzig, R. Weigel*, 1843, in-8, demi-rel. vél., tr. éb.

1098. **Weigel** (T. O.) und **D[r] Ad. Zestermann**. Die Anfänge der Druckerkunst in Bild und Schrift. An deren Frühesten Erzeugnissen in der Weigel'schen Sammlung. Mit 145 *fac-similes. Leipzig, T. O. Weigel*, 1866, 2 vol. pet. in-fol., pl. noires et coloriées, demi-rel. mar. ch. violet, ais en bois.

1099. **Willshire** (William-Hugues). A Descriptive Catalogue of early Prints of the British Museum. German and Flemish Schools. *London, Longmans and C°*, 1879-1883, 2 vol. gr. in-8, pl., cart., non rognés.

1100. **Works** of The Italian Engravers of the fifteenth century, reproduced in fac-simile by photo-intaglio with an Introduction by G. William Reid. *London, B. Quaritch*, 1884, in-fol., cart.

1101. **Wright** (Thomas) and **R. H. Ewans**. Historical and Descriptive Account of the Caricatures of James Gillray. *London, H. G. Bohn, s. d.*, in-8, demi-rel. mar. ch. rouge, dos et coins, tr. dor.

1102. Catalogue de Livres d'Estampes et de Figures en taille-douce. Avec un dénombrement des pièces qui y sont contenues, par M. de Marolles, Abbé de Villeloin. *Paris*, *Léonard*, 1666, in-8, bas.

1103. Description sommaire des Dessins des Grands Maistres d'Italie, des Pays-Bas et de France, du Cabinet de feu M. Crozat, par P.-J. Mariette. — Description sommaire des Pierres gravées du Cabinet de feu M. Crozat, par P.-J. Mariette. *Paris*, 1741, 2 parties en un vol. in-8, v. brun.

Prix d'adjudication à la première partie. — La seconde a été acquise en bloc par le duc d'Orléans.

1104. Catalogue raisonné des diverses curiosités du Cabinet de feu M. Quentin de Lorangère, par E. F. Gersaint. *Paris*, *Barois*, 1744, in-12, front. de Cochin fils, demi-rel. bas.

1105. Catalogue raisonné des differens effets curieux et rares, contenus dans le Cabinet de feu M. le Chevalier de La Roque, par E.-F. Gersaint. *Paris*, 1745, in-12, demi-rel. bas., tr. jasp.

1106. Catalogue historique du Cabinet de Peinture et de Sculpture françoise de M. de Lalive. *Paris*, 1764, in-4, cart.

Prix d'adjudication.

1107. Catalogue de l'Œuvre de F. de Poilly, Graveur ordinaire du Roi;... où l'on a joint un Catalogue des Estampes gravées par Jean Wisscher, d'après les Tableaux de Wauvermans (*sic*), le tout recueilli par R. Hecquet. *Paris*, *Duchesne*, 1752, in-12. — Catalogue raisonné des Tableaux, Dessins et Estampes des plus grands Maîtres, qui composent le Cabinet de feu M. Potier, par les Sieurs Hellé et Glomy. *Paris*, *Didot*, 1757, in-12, front. gr. Ensemble 2 tomes en un vol. in-12, v. brun.

1108. Catalogue de Planches gravées, Tableaux, Dessins, Estampes encadrées et en feuilles... et autres objets de curiosité de feu M. Benoist Audran, Graveur, par Joullain fils. *Paris*, 1772, in-12, cart., non rogné.

1109. Catalogue d'une très grande et riche Collection d'Estampes des plus fameux Maîtres... et d'une belle Collection de Dessins et de Tableaux, le tout recueilli avec grand soin et dépenses, par feu Sr Jacques de Hooghe. *Anvers*, 1773, in-8, demi-rel. bas.

Prix d'adjudication.

1110. Catalogue de Tableaux précieux, Miniatures et Gouaches, figures, bustes et vases de marbre et de bronze, Armoires, Commodes et Effets précieux du célèbre Boule qui composent le Cabinet de feu M. Blondel de Gagny, par Pierre Rémy. *Paris*, 1776, in-12. — Catalogue des Tableaux et Desseins précieux, Porcelaines du premier choix, ouvrages du célèbre Boule, etc., qui composent le Cabinet de feu M. Randon de Boisset, par P. Rémy et Julliot. *Paris*, 1777, 2 parties in-12. Ensemble 3 parties en un vol. in-12, v. brun.

Prix d'adjudication.

1111. Catalogue des Tableaux et Desseins précieux des Maîtres célèbres des trois Ecoles, Figures de marbre et de bronze, etc., du Cabinet de feu M. Randon de Boisset, par P. Remy. On y a joint le Catalogue des Vases, Porcelaines, Meubles de Boule, etc., par C.-F. Julliot. *Paris*, 1777, 2 parties en un vol. in-12, demi-rel. bas.

1112. Catalogue raisonné d'un Recueil d'Estampes d'après les plus beaux tableaux qui soient en Angleterre. Les Planches sont dans la possession de Jean Boydel et ont été gravées par lui, et les meilleurs Artistes de Londres. *A Londres, chez le Propriétaire, Graveur et Marchand d'Estampes*, 1779, gr. in-4, demi-rel. v. fauve, tr. jasp.

1113. Catalogue de quelques Tableaux, Dessins et d'une nombreuse et belle Collection d'Estampes encadrées, en feuilles et en Recueils, provenant de la succession de M. Joulain, Graveur et Marchand, par D.-C. Buldet. *Paris*, 1779, in-8. — Catalogue de la riche, rare et célèbre Collection de Tableaux des Maîtres les plus renommés... qui formaient le Cabinet de feu M. Pierre André Joseph Knyff. *Anvers*, 1785, in-8. Ensemble 2 tomes en un vol. in-8, cart.

1114. Catalogue de Tableaux, Sculptures, Dessins, Estampes encadrées, en feuilles et en recueils, d'un précieux fonds de planches gravées, etc., le tout provenant de la Succession de feu M. Le Bas, premier graveur du Cabinet du Roi. *Paris*, 1783, in-8, demi-rel. vél., non rogné.

1115. Catalogue des Tableaux, Dessins, etc., qui composent le Cabinet de M. W. (Wille), par Fr. Basan. *Paris*, 1784, in-8, broché.

Prix d'adjudication.

1116. Catalogue de differens objets de curiosité de l'Art, consistant en Tableaux, Sculptures, Dessins, ainsi que d'Estampes de différens grands Maîtres... le tout provenant du Cabinet de feu le Sr G.-P. Cauvet, Sculpteur de Monsieur. *Paris*, 1789, in-8, cart.

Prix d'adjudication.

1117. Catalogue raisonné du Cabinet d'Estampes de feu M. Brandès. Contenant une Collection de pièces anciennes et modernes de toutes les Ecoles, rédigé et publié par M. Huber. *Leipzic*, 1793, 2 vol. in-8. — Catalogue raisonné du reste de la Collection d'Estampes de M. le comte Maurice de Friès. *Vienne*, 1827, in-8. — Catalogue de la très belle et précieuse Collection de Portraits anciens et modernes de feu M. le Chevalier Jac. de Franck. *Vienne*, 1836, in-8. Ensemble 4 vol. in-8, rel. et cart.

1118. Catalogue d'un Cabinet très considérable en Estampes et Desseins de toutes les Ecoles, en livres d'Estampes et de l'Art... dont la vente se fera au Magasin de J.-F. Frauenholz. *Nuremberg*, 1793, in-12, demi-rel. bas., tr. jasp.

Prix d'adjudication.

1119. Catalogue de la rare et nombreuse Collection d'Estampes et de Desseins qui composoient le Cabinet de feu M. Pierre Wouters, par N.-J. T'Sas. *Bruxelles, an V* (1797), in-8, demi-rel. vél., non rogné.

1120. Catalogue raisonné d'un Choix précieux de Dessins et d'une nombreuse et riche Collection d'Estampes anciennes et modernes, etc., qui composoient le Cabinet de feu M. Basan père, par L.-F. Regnault. *Paris, an VI*, in-8, demi-rel. vél., non rogné.

Prix d'adjudication.

1121. Catalogue of the superb and entire Collection of Prints, and Books of Prints of John Barnard, Esq., under the Direction of Mr Thomas Philipe. *London*, 1798, gr. in-8, demi-rel. bas., non rogné.

Exemplaire interfolié, auquel on a ajouté la liste des prix d'adjudication.

1122. Catalogue d'une superbe Collection d'Estampes, Desseins, Médailles, Coquilles et autres objets rares et précieux délaissés par le Citoyen Liber de Beaumont. *Lille, an VII*, in-8, demi-rel. vél., non rogné.

Prix d'adjudication aux nos 1-1451.

1123. Catalogus Van Het Kabinet van Schilderyen, Nagelaoten door den Kunstminnaar Jan Gildemeester. *Amsterdam*, 1800. — Catalogus... verzameling van printed en Portretten... en nagelaaten door den Heere George Michaël Nebe, 1809, in-8. — Catalogue du Cabinet de Tableaux, Dessins, Estampes, etc., délaissé par feu M. Dirk Versteegh. *Amsterdam*, 1823, in-8. — Catalogue du célèbre Cabinet laissé par feu M. Jean Gisbert, Baron Verstolk de Sœlen. *Amsterdam*, 1847-1851, 3 vol. pet. in-8. Ensemble 5 vol. in-8, reliés et brochés.

1124. Catalogue raisonné d'une précieuse collection d'estampes du Cabinet de feu Charles de Valois, par F.-L. Regnault. *Paris*, 1801. — Catalogue des Estampes du Cabinet de feu M. le duc d'Ursel. *Paris*, 1806. — Catalogue des Estampes du Cabinet de M. E. Durand. *Paris*, 1819. — Catalogue de la précieuse collection d'Estampes de M. E. D., rédigé par N. Bénard. *Paris*, 1821, in-8. — Catalogue de la collection d'Estampes de M. N. Révil. *Paris*, 1830, in-8. Ensemble 5 vol. in-8, reliés et cartonnés.

1125. Catalogue raisonné du Cabinet d'Estampes de feu M. Winckler, contenant une collection des pièces anciennes et modermes de toutes les Écoles... depuis l'origine de l'Art de graver jusqu'à nos jours, par Michel Hubert. *Leipzig, Breitkopf*, 1802-1810, 5 vol. in-12, cart.

Avec les prix d'adjudication.

1125 *bis*. Catalogues de ventes de Tableaux, Dessins, Estampes, etc., faites en Allemagne et en Hollande de 1804 à 1852, 14 vol. in-8 et in-12, reliés et cartonnés.

Peter Otto. — Ackermann. — Van Moriez. — Kreuchauf. — Van Duyzel, — etc., etc.

1126. Catalogues de Tableaux et d'Estampes publiés de 1805 à 1831. 20 piècees en 13 volumes in-8, reliés et brochés.

Contenant: Catalogues Alibert, de Valois, Saint-Yves, Prévost, duc d'Ursel, Rossi, Rob. de Saint-Victor, de Wlassoff, Van Puten, Saint-Martin, d'Abel, chev. Erard, etc.

La plupart avec les prix d'adjudication.

1127. Catalogues d'Estampes publiés de 1805 à 1858. 40 parties en 9 vol. in-8, reliés et cartonnés.

Contenant : Catalogues Saint-Yves, Sinson, Logette, Ch[er] Bervic, Karcher, Van Puten, Druon, Alger, Pieri-Bénard, Comte d'Hauterive, Turin, Revil, de La Motte Fouquet, Pagin, Saint, Rossi, Robelot, De Florenne, Laterrade, etc., etc.

La plupart avec les prix d'adjudication.

1128. Catalogue of the extensive Collection of Prints... forming the Collection of Nathaniel Smith. *London*, 1809. — Catalogue of the extensive Collection of Prints... which will be sold by Auction by M. Th. Dodd. *London*, 1810. (Prix d'adjudication.) — Catalogue of valuable collection of Prints of the late Mathew Michel, Esq. *London*, 1818. (Prix d'adjudication et noms d'acquéreurs.) — Catalogue of the collection of engravings, etching, and original Drawings of Christian Josi, Esq. *London*, 1829. — Catalogues... of William Seguier. — Samuel Woodburn. — Samuel Rogers. — Ch. Scarisbrick, Esq. etc. Ensemble 13 parties en 5 vol. in-8, reliés et cartonnés.

1129. Cabinet de M. Paignon Dijonval. État détaillé et raisonné des Dessins et Estampes dont il est composé... rédigé par M. Bénard, Peintre et Graveur. *Paris, de l'Imprimerie de Mme Huzard*, 1810, 2 parties en un vol. in-4, demi-rel. vél.

1130. Catalogue raisonné d'Objets d'Art du Cabinet de feu M. de Silvestre, par Regnault-Delande. *Paris*, 1810, in-8, demi-rel. vél., non rogné.

1131. Catalogues de Tableaux, Dessins, etc. 7 vol. in-8, brochés et reliés.

De Clavière et de Bellegarde, 1810. — Comte V. Potocki, 1820. — De Saint-Victor, 1822. — Enfantin, 1828. — Claudius Tarral, 1847. — Baron de Varange, 1852. — Maréchal Soult, 1852. — P. Delaroche, 1860, etc.

1132. Catalogus van een uitmuntend Prent-Kabinet... en alom bekended Kunstlief hebber en Makelaar Jean Yver. *Amsterdam*, 1816, in-8. — Catalogus der uitmontende verzameling Prenten Kabinet des Heeren Moritz grave von Fries. *Amsterdam*, 1824, in-8. Ensemble 2 tomes en un vol. in-8, demi-rel. vél., non rogné.

1133. Catalogue raisonné des Estampes du Cabinet de M. le comte Rigal, par F.-L. Regnault-Delalande. *Paris, chez l'auteur*, 1817, in-8, demi-rel. bas. verte, tr. jasp.

Avec la liste des prix d'adjudication.

1134. Catalogue raisonné des Estampes du Cabinet de M. le comte Rigal, par F.-L. Regnault-Delalande, Peintre et Graveur. *Paris, chez l'auteur*, 1817, in-8, demi-rel. vél., non rogné.

Prix d'adjudication.

1135. Catalogo di una Raccolta di Stampe antiche, compilato dallo stesso possessore March. Malaspina di Sannazaro. *Milano dai tipi di Gio Bernardoni*, 1824, 5 vol. gr. in-8, pl. de monogrammes, cart., non rognés.

1136. Catalogue of the higly valuable Collection of Prints, the Property of the late sir Mark Masterman. Sykes, B... Which will be sold by auction by Mr Sotheby. 1re et 4e parties. *London*, 1824, 2 tomes en un vol. in-4, pap. vélin, demi-rel. mar. violet, tr. éb.

Avec les prix d'adjudication et le nom des acquéreurs.

1137. Catalogue of the higly valuable Collection of Prints, the Property of the late sir Mark Masterman Sykes, B... Which will be sold by auction by Mr Sotheby. *London*, 1824, 5 parties en 1 vol. in-4, portrait, demi-rel. bas., non rogné.

Avec les prix d'adjudication et le nom des acquéreurs.

1138. Description des objets d'Art qui composent le Cabinet de feu M. le Baron V. Denon. Monuments antiques, historiques et modernes. — Tableaux, Dessins et Miniatures. — Estampes et Ouvrages à figures. *Paris, H. Tilliard*, 1826, 3 vol. in-8, cart., non rognés.

1139. Catalogues d'Objets d'Art et de Curiosité, 6 vol. in-8, brochés et reliés.

V. Denon, 1826, 2 vol.— Debruge-Duminil, 1849. — Debray, 1838. — Duc d'Istrie, 1838. — Soltikoff, 1861, prix et noms des acquéreurs à ce dernier.

1140. Catalogue raisonné des estampes du Cabinet de feu M. le Bar d'Aretin, par François Brulliot. *Munich*, 1828. 2 vol. demi-rel. bas.

Prix d'adjudication.

1141. Catalogue d'Estampes de l'École française et des Écoles allemande, flamande, hollandaise et anglaise, colligées par A. P. F. Robert Dumesnil. *Paris et Londres*, 1828-1864, 19 vol. ou brochures in-8.

1142. Catalogue de la Collection d'estampes anciennes et modernes recueillies par M. N. Révil, rédigé par Pieri Bénard. *Paris*, 1830, in-8, fig., cart., non rogné.

Prix d'adjudication imprimés et manuscrits.

1143. Catalogue raisonné des estampes du Cabinet de feue Madame la Comtesse d'Einsiedel, de Reibersdorf, par J.-G.-A. Frenzel. *Dresde, de l'Imprimerie de Meinhold et fils*, 1833, 2 vol. pet. in-8, cart., non rognés.

Prix d'adjudication.

1144. Catalogue of a valuable and extensive Collection of ancient and modern Prints the Property of a nobleman of high rank (le duc de Buckinghan) will be sold by auction by M. Phillips. *London*, 1834, 3 parties en 1 vol. gr. in-8, mar. ch. rouge, tr. dor.

Exemplaire interfolié avec les prix d'adjudication.

1145. Catalogues de ventes de Tableaux, Dessins, Estampes faites à Londres de 1834 à 1884. 12 vol. gr. in-8, brochés et cartonnés.

Buckingham. — Duke of Hamilton. — Julian Marshal. — Anderson Rose. — W. Drugulin. — S. Rogers. — Evans, etc.

1146. Description des Antiquités et Objets d'Art qui composent le Cabinet de feu M. le Chev^r E. Durand. *Paris*, 1838, in-8, pl., broché.

1147. Catalogue of the classis contents of Strawberry Hill collected by Horace Walpole. *London*, 1842, in-4, demi-rel. vél., non rogné.

1148. Catalogue raisonné de la rare et précieuse collection d'estampes, réunie par les soins de M. F. Debois, rédigé par P. Defer. *Paris, Imprimerie de Vinchon*, 1843, in-4, demi-rel. v. fauve, dos et coins, tr. jasp.

Exemplaire tiré sur grand papier.

1149. Catalogue raisonné de la rare et précieuse collection d'Estampes réunie par les soins de M. F. Debois, rédigé par P. Defer. *Paris, Imprimerie de Vinchon*, 1843, gr. in-8, broché.

Exemplaire tiré sur format in-4.

1150. Catalogues d'Estampes et Dessins. 4 vol. in-8, brochés et reliés.

Debois, rédigé par Defer, 1843 (prix). — De Vèze, 1855. — H. de L., 1856 (prix). — D. G. de A. 1861 (prix et noms), etc.

1151. Catalogue d'Estampes anciennes et modernes, Dessins, etc., 9 vol. in-8, cart.

Debois, rédigé par Defer, 1843 (prix). — Visconti, 1854. — Vischer, 1852. — Callet, 1854. — Weber, 1852. — De Vèze, 1855. — Thibaudeau, 1857. — Feuchère, 1853. — Defer, 1859. — Vallardi, Ch. Blanc, Thiers, Norblin, Vanden-Zande, Parguez, etc., etc.

1152. Catalogue raisonné de la rare et précieuse Collection d'Estampes réunie par les soins de M. F. Debois, rédigé par P. Defer. *Paris*, 1843, in-8, demi-rel. mar. ch. rouge. — Catalogue de la Collection de Dessins, Estampes anciennes et modernes, composant le Cabinet de feu M. Simon. *Paris*, 1862, gr. in-8, demi-rel. mar. ch. rouge.

1153. Catalogue des Estampes anciennes formant la Collection de feu M. Delbecq de Gand. *Paris*, 1845, in-8. — Catalogue raisonné de la précieuse Collection de Dessins et d'Estampes, au nombre de près de 30 000, formant le Cabinet de M. Ch. Van Hulthen. *Gand*, 1846, in-8. — Catalogue du célèbre Cabinet de dessins laissés par feu M. Jean Gisbert, Baron Verstolk de Soelen. *Amsterdam*, 1847, in-8 (prix d'adjudication). — Catalogue de la Collection de Livres, Manuscrits, Dessins et Estampes, formant le Cabinet de M. R. Brisart. *Gand*, 1849, in-8 (prix d'adjudication). Catalogue des Livres, Dessins et Estampes du Cabinet de M. Borluut de Noortdonck. *Gand*, 1858, in-8. Ensemble 5 vol. in-8, cart.

1154. Catalogue d'Ornements par les Maîtres des xve, xvie, xviie et xviiie siècles, provenant du Cabinet de M. Reynard. *Paris*, 1846. — Catalogue des Estampes de feu M. Delbecq, de Gand. *Paris*, 1845. — Catalogue des Tableaux de Choix formant le Cabinet de feu M. Durand-Duclos. *Paris*, 1847. — Catalogue raisonné de la rare et précieuse Collection d'Estampes, réunie par les soins de M. F. Debois, rédigé par P. Defer. *Paris*, 1843, in-8, etc. Ensemble 5 parties en 1 vol. in-8, demi-rel. bas.

1155. Catalogue of the valuable Collection of Engravings of the late Lieut.-Colonel Durrant. *London*, 1847 (Prix d'adjudication). — Catalogue of a portion of the magnificent Collection of Engravings of a distinguished amateur. *London*, 1850. — Catalogue of ancient and modern Engravings of the lady S. Aubin. *London*, 1856. Catalogue... of Lieut.-Colonel Durrant. *London*, 1856 (prix d'adjudication). — Catalogue... of the Rev. Alfred Harford. *London*, 1857. — Catalogues... Rev. Wellersley, Rev. Ph. Bliss, J.-J. Johnson, Esq. ; T. P. Marson, esq ; Ellis-Ellis ; Sam. Woodburn, Rev. Dr Wellesley, etc., etc. Ensemble 14 parties en 8 vol. gr. in-8 et in-8, reliés et cartonnés.

1156. Catalogue de Ventes d'Objets d'Art et de Curiosité, faites de 1849 à 1896. 11 vol. gr. in-8, brochés.

Debruge-Duménil. — B. Fillon. —Sennegon. — Poesenti. — Vertuni. — Beurdeley. — Raoul Richards. — Ch. L***, etc.

1157. Catalogues de Dessins, Estampes, etc., publiés de 1832 à 1862. 10 vol. gr. in-8 et in-8, cartonnés.

H. de La Salle. — Delessert. —H. Hope. — Ary Scheffer. — A. Bertin. — Moyet. — Taurel. — Martelli. — Guillaume II (de Hollande). — Godefroy. — Maurel. — Weber. — Andréossy. — Lacombe. — Van Os, etc., etc.

1158. Catalogue de la riche Collection d'Estampes et de Dessins, composant le Cabinet de feu M. Van den Zande. *Paris*, 1855. — Catalogue de l'intéressante Collection d'Estampes et de Dessins, composant le Cabinet de feu M. le Chevalier Camberlyn. *Paris*, 1855. Ensemble 2 vol. g. in-8, cart.

1159. Catalogues de Tableaux, Dessins, Estampes, etc. publiés en Allemagne de 1865 à 1895, 8 vol. in-4 et gr. in-8, brochés et cartonnés.

D. Boehm. — Hamminger.— Posonyi. — Klinkosch. — Milani. — Philippi. — Artaria. — D. Sternc.

1160. Catalogues de ventes de tableaux anciens et modernes, faites de 1868 à 1896, 16 vol. gr. in-8, pl., brochés.

San Donato. —Michel de Trétaigne. — Péreire. — E. G. — K. — François Nieuwenhuis. — S. — Hauptmann. — Boussaton. —Troyon. — Mme Denain. — Balenski, etc.

1161. Catalogues de vente de Tableaux anciens et modernes, faites à Paris de 1873 à 1893. 18 vol. gr. in-8, avec pl., brochés.

R. Papin. — C. Marcille. — Lissingen.— Scharf. Sedelmeyer. Lepel Cointet. — Roxard de La Salle. — Schwiter. — Hecht. — Nicolaeff. — Ph. George, etc.

1162. Catalogues de ventes de Tableaux anciens et modernes, faites à Paris de 1874 à 1896, 11 vol. gr. in-8, avec pl., brochés.

Dutilleux. — Mme B. — Laperlier. — Wander Weyden. — J. Burat. — M. X*** Duez. — Bne de Castro, etc.

1163. Catalogue des Estampes de l'École française du XVIIIe siècle, pièces imprimées en noir et en couleur. Almanachs, pièces historiques sur les Mœurs et Costumes, composant la collection de M. Octave de Béhague. *Paris*, 1877, gr. in-8. — Catalogue des Estampes de l'École française du XVIIIe siècle composant la magnifique collection de M. G. M*** (Mühlbacher). *Paris*, 1881, gr. in-8. Ensemble 2 vol. gr. in-8, brochés.

1164. Catalogue illustré des Dessins et Estampes composant la Collection de M. Ambroise Firmin-Didot. *Paris*, 1877, in-4, pap. de Hollande, avec pl., broché.

1165. Catalogue illustré des livres précieux, manuscrits et imprimés, faisant partie de la Bibliothèque de M. Ambroise Firmin-Didot. *Paris*, *Labitte*, 1881-1884, 4 vol. in-4, avec les tables, brochés.

1166. Catalogue des Livres rares et précieux, manuscrits et imprimés, composant la Bibliothèque de feu M. le baron S. de la Roche-Lacarelle. *Paris*, *Porquet*, 1888, in-4, pl., broché.

Exemplaire tiré sur pap. de Hollande, avec la Table des noms d'auteurs et la Liste des prix d'adjudication.

1167. Catalogue d'Estampes, Livres rares et précieux, Livres et Estampes sur la Ville de Paris, Livres et Estampes relatifs aux Beaux-Arts, Dessins et Estampes provenant de la Collection de M. H. Destailleur. *Paris*, 1890-1896, 5 volumes gr. in-8, brochés.

1168. Catalogue de 43 tableaux de maîtres anciens, provenant de la Collection de M. le comte Koucheleff Besborodko. *Paris*, 1869, gr. in-8, avec eaux-fortes et prix d'adjudication.

1169. Catalogue de Tableaux de premier ordre, anciens et modernes, composant la Galerie de M. le Marquis de La Rocheb... *Paris*, 1873, in-4, avec eaux-fortes, broché.

1170. Collection de S. A. le Duc de Berwick et d'Albe. Tableaux par Vélasquez, Murillo, Rubens. 75 Tapisseries de premier ordre, etc. *Paris*, 1877, in-4, avec pl., broché.

1171. Vente aux enchères des Tableaux, Études, Aquarelles et Dessins, par Théodule Ribot. *Paris*, 1896, pet. in-fol., pl., broché.

1172. Catalogue des Tableaux de l'École moderne, Tableaux anciens, Marbres, etc., composant la Galerie de feu M. Oppenheim. *Paris*, 1877, gr. in-8, avec eaux-fortes, broché.

1173. Catalogue de Tableaux anciens composant la Collection Laurent-Richard. *Paris*, 1878, in-4, avec eaux-fortes, broché.

1174. Catalogue de Tableaux anciens. Œuvres remarquables de l'École italienne, etc., et les Écoles Flamande et Hollandaise, composant la Collection de feu M. Mailand. *Paris*, 1881, gr. in-8, avec eaux-fortes, broché.

1175. Catalogue des Objets d'art, Tableaux anciens, Livres, etc., composant la Collection Double. *Paris*, 1881, in-4, avec pl., broché.

1176. Catalogue des Tableaux anciens et modernes, composant la Collection de M. B. Narischkine. *Paris*, 1883, in-4, avec eaux-fortes, broché.

1177. Catalogue des Objets d'Art et d'Ameublement et des Tableaux anciens dépendant de la succession de M. le baron L. d'Ivry. *Paris*, 1884, in-4, avec eaux-fortes, broché.

1178. Catalogue des Objets d'Art, de Curiosité et d'ameublement, Tableaux anciens de l'Ecole française, etc. Le tout composant l'importante Collection de Lafaulotte. *Paris*, 1886, in-4, avec pl., broché.

1179. Catalogue des Tableaux anciens et modernes, Marbres, Bronzes, Tapisseries, etc., formant la Collection de M. Laurent-Richard. *Paris*, 1886, in-4, avec eaux-fortes, broché.

1180. Catalogue de Dessins anciens, principalement des Maîtres Français du XVIIIe siècle, tels que Boucher, Cochin, Fragonard, Gravelot, etc., et Dessins modernes formant la Collection de M. le baron R. P. (Portalis). *Paris*, 1887, in-4, avec eaux-fortes, broché.

1181. Catalogue de Tableaux modernes, dépendant de la Collection de M. X***. *Paris*, 1895, pet. in-fol., avec pl., broché.

1182. Catalogue des Tableaux anciens et modernes, Dessins anciens et modernes, Aquarelles, etc., le tout dépendant de l'importante Collection de M. D... de G... *Paris*, 1896, in-fol., avec pl., broché.

1183. Catalogue de Tableaux de premier ordre, anciens et modernes, composant la galerie de M. John W. Wilson. *Paris*, 1881, in-4, avec eaux-fortes, broché.

1184. Collection de M. John Wilson, exposée dans la Galerie du Cercle artistique et littéraire de Bruxelles. *Paris, Imprimerie de J. Claye*, 1873, in-4, pap. de Hollande, avec 68 pl., broché.

1185. Sous ce numéro sera vendu un très grand nombre de catalogues de ventes d'Estampes, Tableaux, Dessins, Livres et Objets d'art.

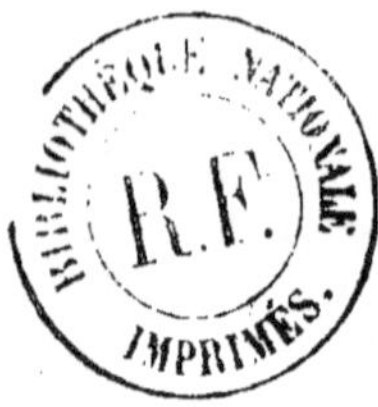

Paris. — Typ. Chamerot et Renouard, 19, rue des Saints-Pères. — 34971

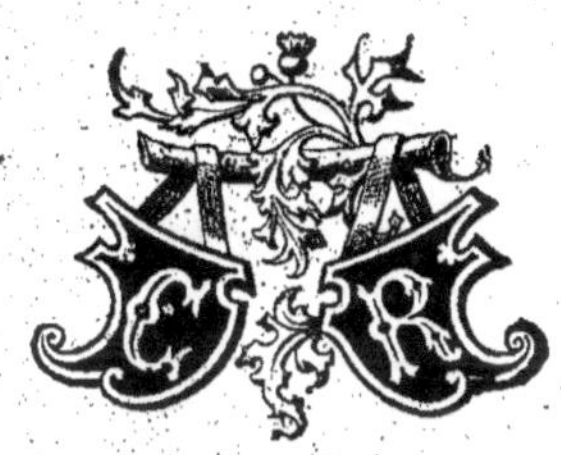

www.ingramcontent.com/pod-product-compliance
Lightning Source LLC
LaVergne TN
LVHW010612110826
845149LV00003B/871

* 9 7 8 2 0 1 9 2 1 3 3 6 7 *